觉醒的灵魂

人类灵性的觉醒

张一山 著

中国财富出版社

图书在版编目（CIP）数据

觉醒的灵魂：人类灵性的觉醒 / 张一山著．—北京：中国财富出版社，2016．7

ISBN 978－7－5047－6186－6

Ⅰ．①觉…　Ⅱ．①张…　Ⅲ．①成功心理—通俗读物　Ⅳ．①B848．4－49

中国版本图书馆 CIP 数据核字（2016）第 142969 号

策划编辑　单元花　　**责任编辑**　单元花

责任印制　方朋远　　**责任校对**　杨小静　　**责任发行**　邢有涛

出版发行　中国财富出版社

社　　址　北京市丰台区南四环西路 188 号 5 区 20 楼　　**邮政编码**　100070

电　　话　010－52227568（发行部）　　010－52227588 转 307（总编室）

　　　　　　010－68589540（读者服务部）　　010－52227588 转 305（质检部）

网　　址　http：//www.cfpress.com.cn

经　　销　新华书店

印　　刷　北京京都六环印刷厂

书　　号　ISBN 978－7－5047－6186－6/B·0498

开　　本　710mm×1000mm　1/16　　**版　　次**　2016 年 7 月第 1 版

印　　张　13.5　　**印　　次**　2016 年 7 月第 1 次印刷

字　　数　187 千字　　**定　　价**　39.80 元

前　言

就在当下，让我们开始吧

人生，活什么？从古至今，不知有多少人都在寻找这个问题的答案，可是却没有一个完整而详尽的答案适用于每个人。

我们都是普通人，生活在人世间，都会为生活所苦，只有很少一部分人能够超然物外、潇潇洒洒地过完一生。为了心中的理想和责任，多数人都在辛辛苦苦、勤勤恳恳地向着目标追逐，可是很多人都会深陷其中无法自拔，很多人都会在追求中迷失自我。

人，作为生物，求生是其自然本能；活着，是生命的唯一要求。活着是美丽的，尽管活着的时候常有许多痛苦，但和死亡相比，却是一种幸福！

知识就是力量。这是培根曾经说过的一句至理名言，曾经激励了无数个像我这样为知识痴、为知识狂的凡夫俗子。可是，在现实生活中，我们经常会发现，很多所谓的知识集聚人群却往往不是人生赛场、社会赛场的主力，而且还浸染着些许无奈，甚至怨天尤人的郁闷。

事物总是具有两面性，有的人因为美好的追求而让自己的一生过得丰富而充实，有的人则会在盲目追求中迷失了自己，不知道自己生命的终极意义何在。其实，对我们来说，最重要的是，要知道自己到底在追求什么。

每个人都会老，也会在别人的思维世界成长。

我们可以读懂自己的经历，却不能驾驭自己的过错。

人生总有许多不可避免的缺憾，关键看我们怎样去面对。

懂得放下的人会找到轻松，懂得遗忘的人会找到自由，懂得爱的人会找到朋友。

人的成长伴随着一些失落，人的成熟附带着一些伤痕，有希望，就可以去等。

我们永远有路可以走，有梦可以做；能找到理由难过，也一定能找到快乐的理由！别以为世上只有对与错，许多事情的答案都不止一个。只有让思维沟通去贯彻敏捷，用判断的定理去完成逻辑的言辞，才能关闭内心的冷漠，堵住沉默的时间，保护自己的成长。

人不觉醒，何谈幸福？

就在当下，让我们开始吧！

作　者

2016 年 2 月

Contents

第一部分　智慧的觉醒

第二部分　生死的觉醒

第三部分　财富的觉醒

第四部分 成长的觉醒

第五部分 健康的觉醒

第六部分　爱情的觉醒

第七部分　培育的觉醒

第八部分　自由的觉醒

第一部分　智慧的觉醒

身强力壮的，固然是幸福；然而聪明智慧的，还要幸福数倍！

——克雷洛夫

第一章　人类痛苦的根源

人生，活什么

人生，活什么？从古至今，不知有多少人都在寻找这个问题的答案，可是却没有一个完整而详尽的答案适用于每个人。

我们都是不同的个体，成长道路、生存环境、命运际遇等各不相同，因此对人生的理解、对事物的看法、生活的目标也都不一样，自然对于"人生，为什么活着"这一问题有不同的答案。

作家余华在其小说《活着》的前言中曾经说过："人是为活着本身而活着，而不是为了活着之外的任何事物所活着。"人类也是一种生物，求生是一种自然本能；活着，是生命的唯一要求！

我有一个朋友，叫李辉。前段时间，他在追求他的同事刘丽。

"刘丽长得很漂亮，眼睛大大的，很迷人，就是我喜欢的那种类型。我千方百计，用尽了一切能用的办法，终于和她做了男女朋友。可是，随着我们的进一步交往，我却发现，我们之间的关系很难再进一步，因为对我来说，刘丽永远都有一种优越感。每天都是我围绕她在不停转悠，而她纯粹就是为了应付。我觉得很累，就像是做一件非常辛苦的差事一样，弄得心力交瘁！"李辉来找我，将自己的苦闷讲述给我听，"我将自己想做的事放在一边，把时间都用在了她的身上，结果错过了很多东西，可是我对她的感觉却大不如从前。有时我真想就此结束，但我无法把她突然从我心里抹去。”

我一边听李辉的讲述，一边思考着，最后当他讲完自己和那女孩的故事后，我说：“我给你讲个我亲身经历的故事吧！”李辉点点头，我接着说，“一次，大雨过后，我外甥从外边抓回了一只很漂亮的小鸟。外甥很喜欢，为了防止它逃跑，便用绳子将其拴了起来。我对他说，小鸟失去了自由会死的，还是放了好。可是我外甥却说，这么漂亮，放了太可惜，我给它好吃的就不会死。当时，我也没有在意。几天后的一个清晨，睡梦中的我被外甥的哭声吵醒。原来，那只漂亮的鸟儿死了。外甥问我，鸟儿为什么会死？我告诉他，因为它的生活习惯被人为改变，它喜欢自由自在地飞翔。现在的你，就如同那只可怜的鸟，这样下去，迟早有一天也会像那只小鸟一样被困死在自己的牢笼里！”

李辉听了我的讲述，如有所悟。后来，他重新选择了自己的生活方式，生活又重新步入正轨，虽然和刘丽分了手，但他感觉自己快乐多了！

生命是自己的，生活是自己的，我们活着并不是为了给别人看，更没有必要为了活给别人看而改变自己的生活方式！一个连自己的生活都不懂的人，又怎能尊重他人的生活！

人活着是不需要任何理由的！我们虽然不知道自己是怎样来到这个世界的，可是当肉体和精神合二为一的时候，我们就成了一个独一无二的人。之后，我们长大、学习、成长、工作、结婚、生子，再继续繁衍下一代，然后离开人世。

人活着不需要什么理由，也没有理由，就如同世间的花鸟鱼虫、芸芸众生一样，活着只是一种生活形态！虽然有人活得多姿多彩、有人活得如一缕轻烟，有人轻如鸿毛、有人重如泰山，有人名垂千古、有人遗臭万年，但大多数人都是默默无闻的。

在生命的进程中，我们所做的一切都是生命的点缀，虚荣、名利、功名、称号、爱情、友情、热诚、冷酷、自私、宽宏……也仅仅是一个早已有了结果的过程，我们所能做的也只是享受生命的赐予，平静地接受这伟大的结果！

人生，有什么

何为拥有？

吃进嘴里的食物，穿在身上的衣服，配在身上的饰物，抓在手中的钞票，放在家里的家具，停在车库的汽车，存在银行的钱财，躺在保险箱的珠宝；看过一场电影，听过一曲音乐，参观过一次展览，看过一本书，经历过一次旅行；担任过某个职位，成为某地方的知名人士，拥有某项名声头衔……所有的这一切都是拥有，只不过有些是具体的物质，有些是象征的代替品；有些是印象记忆，有些是抽象虚无。

这些都是我们所拥有的，可是一旦死亡，上面这些会统统消失，只有小部分会留在他人的记忆中，比如，名誉、地位等；还有本来就客观存在的，比如，影音、艺术、文化、知识等。要想让自己的心灵觉醒，就要知道自己有什么。

有个人花了一大笔钱，买了一颗钻石。他很得意，可是买了之后，又担心被别人偷走，于是就把钻石存在了银行的保险箱里，也不敢拿出来看。

买了钻石，又不敢拿出来观赏，这又何苦呢？其实，我们在电视上都可以看到钻石，根本就没必要购买。故事中这个人虽然购得了钻石，可是却把钻石收藏了起来，这和没有又有什么区别呢？

一个人之所以快乐，不是因为他拥有的多，而是他计较的少。想想看，其实何必要拥有呢？更不用花钱去买，只要逛一下珠宝店，就会看到更多、更美的珠宝、钻石，如此不买但你已得到！

“拥有越多，烦恼越多”是宇宙对称平衡机制的反映。矛盾是对立统一体，任何事物都有其对立面。

有个富翁出海观光的时候遇难，被一个渔夫救起。为了报答渔夫的救命之恩，富翁决定送给渔夫一大笔钱。他提出两个方案：一个是现在就将目前资产的5%送给渔夫；另一个是十年后，将自己那时资产的20%送给对方。

渔夫很高兴，可是又感到很为难：选第一个方案，如果十年后富翁的资产剧增，自己不就亏了；选第二个方案，如果十年后富翁的资产严重缩水甚至破产，自己岂不亏大了？

渔夫被这两个挠心的选择弄得焦头烂额、神思恍惚，结果第二天出海时被海浪吞噬，最终什么也没有得到。

现实中，每时每刻都需要我们作出选择，比如，打开冰箱，如果有多种蔬菜，你就得选择究竟要做什么，要拿哪种；打开衣橱，如果里面有成排的衣服，你就得费番心思想想自己究竟要穿什么；要是你够帅或够靓，“丘比特之箭”向你频频射来，你就得选择和哪个人交往；如果你的经济基础不错，你一定会为清闲“吃老本”还是创业干大事而两难……

设想一下，如果冰箱里只剩下一种菜，衣柜里只有一两件衣服；如果你的“硬件”一般，出身一般……怎么还会有那么多选择的烦恼？由此看来，选择太多，未必就是好事！

很多时候，拥有的越多，烦恼就越多。万事万物都是随着因缘变化的，如果我们不肯放下，一厢情愿地想牢牢把握住它、不让它改变，只会徒增烦恼。

不懂满足，不断追逐，有时候会让自己失去很多。只有学会放下，才能腾出手来把握自己真正想要的东西，才能拥有得更多！

人生，求什么

每个人都想过上好日子，都想让自己活得有钱、有尊严。可是，所谓的好日子不仅仅是物质的，更是精神的。幸福是一种感觉，只能来自自己内心的感觉，并不在于物质的多寡，很多时候，物质的锈蚀反而会让人失去体检幸福的触觉。

日本作家池田大作说："在我们的周围可以看到这样的情况——物质上的富裕反而招致精神上的贫困。"生活中的诱惑太多，很多人都容易在眼花缭乱中迷失自己。

一群富有的年轻人外出郊游，为了解闷，他们还带了一个能歌善舞的歌女。

玩了一天，酒足饭饱之后，他们都睡着了。因为喝了太多的酒，他们睡得都像死猪一样，对身边发生的事情一无所知。当他们醒来的时候，歌女已经不见了，随身财物也没了踪影。于是，他们开始四处寻找那个歌女。

找着找着，他们遇到了一个静坐的僧人，他们问僧人："请问，您有没有看到一个女人经过？"僧人没有回答，却反问他们说："年轻人，你们是应该寻找自己，还是寻找那个女人呢？"

听了僧人的话，这些年轻人都感到很惊讶，有人甚至还以为自己遇到了一个疯和尚："我们要找那个女人，你却让我们找自己，我们就在这里，为什么还要找呢？"可是，很快，他们就像被什么击中了心灵深处："找自己！"

其实，故事里的那个女人是财与色的代表，而那些年轻人就生活在我们中间，甚至就是我们自己。

人生一世，每个人都有自己的追求：有的人追求情感，有的人追求金钱，有的人追求知识，有的人追求真理，有的人追求成功，有的人追求刺激，有的人追求享乐……人生，就是一个不断追求的过程。正如叔本华所说："人的本质就在于他的意志有所追求，一个追求满足了又重新追求，如此永远不息。"

人生在世，不可能每个人都成为出类拔萃的人才，很多想要的东西也不一定能够得到，但是，这并不影响我们好好活着。每个人都有自己的本色，如果无法成为顶天立地的大树，就做一丛灌木；如果无法成为灌木，就做一株小草。只要保持自己的本色，生命同样会绚丽夺目。即使你是一个普通人，也会看到绝美的风景！

人的一生，究竟在追求什么？这是一个没有标准答案的问题，一千个人可能会有一千个不同的回答。可是，成功的定义有很多种：有些人终身都在追逐名利，生活得很快乐；有些人毕生都在灯红酒绿，生活得也很幸福；更多的人则是在平淡充实、日复一日的工作和生活中度过，这又何尝不是一种幸福？

真正的快乐的根源只有一个，就是按照自己喜欢的方式度过人生！

第二章　人类幸福的密码

幸福是什么

2012 年，中央电视台推出了“幸福是什么”特别调查节目，“幸福”一词迅速成为网络流行语，引发了当代中国人对幸福的深入思考。那么，你知道，幸福究竟是什么吗？

一天，佛祖遇到一个农夫。

农夫看起来非常苦恼，他向佛祖诉说：“我家的水牛刚死，没有它帮忙犁田，我怎么能下田作业呢？”

佛祖听了农夫的哭诉之后，赐给他一头健壮的水牛。农夫很高兴，佛祖在他身上感受到了幸福的味道。

又一天，佛祖遇到了一个男人。

男人非常沮丧，他向佛祖诉说：“我的钱都被骗光了，没钱了，连家也回不了了。”

佛祖给了他一些银两做路费，男人很高兴，佛祖在他身上感受到了幸福的味道。

又一天，佛祖遇到了一个诗人。

诗人年轻、英俊、有才华且富有，妻子貌美温柔，但他却过得非常不开心。

佛祖问他："你不快乐吗？我能帮你吗？"

诗人说："我什么都有，只欠一样东西——幸福，你能给我吗？"

佛祖说："可以。"于是，佛祖不仅拿走了诗人的才华，还毁去了他俊朗的面容，夺走了他的财产，要了他妻子的性命。做完这些后，佛祖便离开了。

一个月后，佛祖重新回到诗人的身边。这时，诗人已经饿得半死了，正衣衫褴褛地躺在地上挣扎。佛祖念了个诀，所有的一切恢复如初，之后便离开了。

半个月后，佛祖又来到了诗人身边。诗人搂着妻子，不停地向佛祖道谢，因为他得到了幸福。

有人说：幸福就是你已经失去的、每当想起就会有一种深深留恋感的过去，就是你满怀希望对未来的憧憬，也是你现在普普通通平平凡凡的生活。所有的一切，都是在失去以后才知道珍惜的。失去以后再想珍惜，为时已晚；珍惜现在，就是在享受幸福。

有人说：幸福就是我饿了，看别人手里拿个肉包子，那他就比我幸福；我冷了，看别人穿了一件厚棉袄，他就比我幸福；我想上茅房，就一个坑，你蹲那儿了，你就比我幸福……

幸福是一个谜，让一千个人来回答，就会有一千种答案：生是幸福，因为它可以让我们体验到人生的百态；死也是幸福，因为它可以让我们超脱于人世纷繁之外，回归自然。其实，幸福很简单，关键是你怎么看待！

在一个小山村里，有一位年过八旬的老人。他无儿无女，靠捡废品、吃低保生活，在十几年间，竟然资助数十位贫困高中生考上了大学，金额达十万元之多。可是，他自己却舍不得吃肉、买衣服。他家里没有一件像样的家具，没有一件没穿破的衣服。

老人的事迹不胫而走，记者慕名而来，对其进行了采访。这时候，老人将家里摆放的受他资助学生的照片拿出来，如数家珍般给记者一一介绍。记者问他："你这样做，是为了什么？"老人说："我这样做，感觉自己很幸福。"

幸福没有定义，能轻易拥有它的人，通常都无法感觉到；而刻意寻找它的人，却不容易得到。幸福，没有自己的比较级，与其和别人比，不如和自己的过去比，看看自己过得是否充实，是否为名利所累。

对于饥饿的人来说，吃一顿大餐就是幸福的；对于衣食不愁的人来说，得到别人的尊重就是幸福的。还有人说，幸福就是可以做自己想做的事，得到自己想要的东西。

可是，为何有些人什么都拥有了，还要吵架离婚、杀人越货？因为大部分人的欲求是没有止境的，物极必反！物质的丰富虽然可以提高我们的幸福指数，但却不是必须前提；只有心灵的宁静，才会让自己自己感到幸福！

幸福不是给别人看的，与别人怎样说无关，重要的是自己心中充满快乐的阳光。

幸福掌握在自己手中，而不是在别人眼中；幸福是一种感觉，这种感觉应该是愉快的，使人心情舒畅、甜蜜快乐的！

幸福从何而来

什么能给我们带来幸福？

有人问一位富翁："你为什么感到幸福？"富翁回答说："我家很有钱，孩子考上了大学，我很幸福。"

有人问修鞋匠："你为何觉得自己很幸福？"修鞋匠回答说："我无私奉献，很幸福。"

……

为什么地位不同、贫富不同的人都很幸福，幸福从何而来？这不是一个能够简单回答的问题。我们只能知道哪些因素与幸福有关，即什么能预测幸福。

心理学研究发现，主观因素包括个体的自我意识、自我效能感、人格特质、价值观念、对待事物的态度和取向等与认知有关的因素；客观因素包括个体的受教育水平、实际生活和工作环境、自身健康情况、个人和家庭经济收入、社会地位等。

幸福是一种主观体验，客观因素并不会对主观的幸福感产生直接影响，而是通过积极情感、自我体验等主观体验间接地对其加以影响。归根结底，幸福不幸福由你自己决定！

1. 幸福来自愿望的实现

"幸福来自我们内心，而不是外界。"约瑟夫·纽顿这样说道。当你内心的愿望实现时，幸福就会降临，那一刻的喜悦会使你终生难忘。

当万科集团董事长王石放下身段，离开年薪千万的董事长宝座时，没有感到有多少压力，因为在他心里有个未完成的心愿——爬上珠穆朗玛峰。于是，他背起行囊，向着那个神秘的白色雪顶进发了。当他站在山顶俯视芸芸众生时，我相信那一刻他是幸福的。

2. 幸福来自周围的人

燕妮出身高贵，聪慧漂亮，才华出众；马克思出生于普通律师家庭。可是，燕妮却顶住家庭的压力，爱上了马克思。1843 年 6 月，由于德国反动政府的迫害，马克思流亡国外，燕妮毅然离开豪华、舒适的家庭，同马克思结婚。

婚后，他们的生活颠沛流离，极其困难，最小的孩子也因饥饿而死。可是，燕妮却从未动摇过对马克思的爱情，甚至自豪地说："我很幸福，因为马克思在身边，他是我生命的支柱。"

两个人之间的相互陪伴是多么幸福，当你孤独、伤心时，朋友、老师、家人的一句问候、一个关爱的动作，都将使你内心感到温暖，那一刻又怎能不幸福？

3. 幸福来自社会

2011 年 7 月 2 日下午 1 时半，在杭州白金岸小区，一个两岁的女童从十楼坠落。这时，邻居吴菊萍立刻踢掉自己的高跟鞋，快速冲了过去。她伸出双臂，接住了孩子。孩子得救了，但吴菊萍的双手却在巨大的冲击力下粉碎骨折，这就是我们心中的"最美妈妈"。

吴菊萍和女童不认识，可是在关键时刻，她却能伸出援助之手。虽然现在的孩子年幼无知，但我相信，在她长大后，当别人将这件事告诉她后，她一定会感到幸福。

……

相信，当自己的理想实现时，当周围熟识的人带给你温暖时，当社会的好心人对你伸出援助之手时，你将会是世界上最幸福的人！

通常来说，一个人所获得的只要高于他的期望值，就会产生幸福感。幸福感来源于生活，而思想决定生活的品质。只有内心感觉到的幸福，才能带来持久的幸福感。

人人都渴望幸福，但究竟什么才是真正意义上的幸福呢？星云大师说：“第一，要会做自己的贵人。第二，不必拥有，享有就好。第三，不要执着，放下自我。第四，学会赞美和接受别人。”这就是著名的“五和人生”，就是要“和悦、和好、和敬、和谐、和平”，对人对事过分计较、执着的人是不会幸福快乐的。

试想一下，如果每天生活在抱怨连连、忧心焦虑的氛围中，责怪着上天的不公、事业的不顺、家庭的不和，怎能体会到幸福感？如果能把忧虑的时间花费在寻找解决问题的方法上，我相信，任何忧虑和烦恼都会在乐观向上的情绪下烟消云散，任何不幸也都会在智慧的光芒下消失殆尽！

从奋斗到焦虑，再到绝望，一个个曲折起伏、跌宕坎坷的过程，都是一个磨炼。如果你的思维是积极的，你就会渐渐地变得坚强，幸福感也会随之而来；相反，如果你是消极的，就会变得怨天尤人，幸福也会渐渐离你而去。

幸福感来自哪里？用泪水和汗水冲刷过心灵的人都明白，幸福感就在自己的内心深处！

幸福与性格何缘

如果把幸福看成一个妙龄女郎或者帅哥，那么如果想和幸福谈恋爱，就得知道幸福的性格。

1. 幸福不喜欢品格恶劣的人

君子应当有所为有所不为，很多时候在我们眼里的一件简单小事，却会带来巨大的影响。

十二年前，一个男子大学毕业后去了法国，开始了半工半读的留学生活。渐渐地，男子发现，当地的公共交通系统的售票处是自助的，也就是说，不管你想到哪个地方，都可以根据目的地自行买票，车站几乎都是开放式的，没有检票口，也没有检票员，甚至连随机性的抽查都非常少。

男子发现了这个管理上的“漏洞”，便凭着自己的聪明劲，精确地估算了这样一个概率：逃票而被查到的比例大约仅为万分之三。他为自己的这个发现而沾沾自喜，从此之后，乘车便经常逃票。他还为自己找了一个宽慰的理由：自己还是穷学生，能省一点是一点。

四年过后，名牌大学的金字招牌和优秀的学业成绩让他充满信心，他频频出入于巴黎的跨国公司大门，踌躇满志地推销自己。可是，这些公司开始的时候都会对其热情有加，之后却会婉言相拒。

想到自己一次次的失败，男子感到异常愤怒。他觉得，这些公司一定都有种族歧视的倾向，排斥外国人。

最后一次面试的时候，男子大声地问人力资源部经理：“我这么优秀，你为什么不录用我，请给我一个合理的理由！”结局却是他始料未及的：“先生，我们并不是歧视你，相反，我们很重视你。你来求职的时候，我们对你的教育背景和学术水平都很感兴趣，老实说，从工作能力上，你就是我们所要找的人。”

“那为什么不收天下英才为贵公司所用？”

“我们查了你的信用记录，发现你有三次乘公交车逃票被处罚。”

“这个我承认！但为了这点小事，你们就放弃一个多次在学报上发表过论文的人才？”

“小事？我们并不认为这是小事。我们发现，第一次逃票发生在你来我们国家后的第一个星期，检查人员相信了你的解释，因为你说自己还不熟悉自助售票系统，只是给你补了票。但在这之后，你又两次逃票。”

“那时，我刚好口袋中没有零钱。”

“不，先生！我不同意你的这种解释，你在怀疑我的智商。我相信在被查获前，你可能有数百次逃票的经历。”

“那也罪不至死吧？为何那么认真？以后改还不行吗？”

“不，先生！此事证明了两点：一是你不尊重规则。你善于发现规则中的漏洞并恶意使用。二是你不值得信任。公司许多工作的进行都必须依靠信任，如果你负责了某个地区的市场开发，公司会赋予你许多职权。为了节约成本，我们无法设置复杂的监督机构，正如我们的公共交通系统一样。因此，我们不会雇用你，可以确切地说，在这个国家甚至整个欧盟，你都可能找不到雇用你的公司。”

直到此时，男子才如梦方醒、懊悔难当。可是，真正让他产生一语惊心之感的，却是对方最后提到的一句话：“道德常常能弥补智慧的缺陷，但智慧却永远填补不了道德的空白。”

一个具有良好道德素养的人必定是一个值得信任的人！

要想让幸福对你另眼相看，首先得做一个有道德的人。

孔子之所以要把“修身”放在“齐家”“治国”“平天下”之前，之所以要把“修身”作为人生的第一要务来看待，正是因为在我们的一生中，道德与良知、美与丑、善与恶等都是不能丢弃的。如果失去了这些东西，也就没有了立身之本，更别说去追求幸福了。

2. 幸福不爱懒惰的人

在一个池塘边，生活着两只青蛙，一只绿色的，一只黄色的。绿青蛙经常到稻田里觅食害虫，黄青蛙却总是悠闲地躲在路边的草丛中闭目养神。

有一天，黄青蛙正在草丛中睡大觉，突然听到有人叫：“老弟，老弟。”它懒洋洋地睁开眼睛，发现是绿青蛙。

“你在这里太危险了，搬来跟我一起住吧！”绿青蛙关切地说，“到田里来，每天都可以吃到昆虫，不但可以填饱肚子，而且还能为庄稼除害，况且也不会有什么危险。”

黄青蛙不耐烦地说：“我已经习惯了，为何要花费心思搬到田里去？我懒得动！况且，路边也有昆虫吃。”

绿青蛙无可奈何地走了。几天后，它又去探望伙伴，却发现黄青蛙已被车子轧死暴尸在马路上。

事实告诉我们，很多灾难与不测都是因为我们的懒惰和其他不良习惯造成的，举手之劳的事情却不愿为之，注定要为此付出沉重的代价。

早起的鸟儿有虫吃，要想获得幸福的青睐也是一样。一旦看准了机会就得下手，犹豫不决，或视而不见，幸福可能就溜走了。懒惰是一种慢性病，没有特效药，最好别染上它。

3. 幸福不爱贪婪的人

我们都听说过渔夫和金鱼的故事，故事中的那个贪婪的老太婆最后什么也没得到。对这位老人来说，幸福本来是触手可及的，可是终究被自身的贪婪一点一点磨灭。贪婪的人，心门必然是闭塞的，再多的幸福摆在他的面前，他都会视而不见。

可怜的乞丐每天都带着个破旧的钱包，挨家挨户地乞讨。他一面抱怨自己的命苦，一面嘀咕那些住高楼大厦、腰缠万贯者往往贪得无厌，以至亏掉老本。

这天，乞丐遇到了幸运之神。幸运之神很同情他，决定帮帮他，说：“打开你的钱包，我将给你一大笔金元，但有个条件，凡是装在钱包里的都是金元，若掉在地上，就会立刻变为尘土了。一定要小心，我是说到做到的。你的钱包已经旧了，别装得太多，免得它受不了。”

乞丐喜出望外，高兴得气都几乎喘不上来了。他喜滋滋地打开钱包，金元像流水一样倾泻而出，钱包一下子就鼓了起来。

“够了吗?”

“不够!”

“钱包能承受得住吗?”

“不用担心，可以。”

“你已经富有得像国王一样啦！够了吗?”

“再添一点儿吧!”

可是，突然钱包裂了，金元“哗”的一声撒在地上，全部化为尘土。幸运之神不见了，乞丐手里只剩下一个破的空钱包，他还是一无所有。

物极必反！一个人的贪欲太盛，到了丧失理性的地步，最后只会害了自己。

迷失自我有多可怕

我们都是普通人，生活在人世间，都会为生活所苦，很少有人能够超然物外、潇潇洒洒地过完一生。为了心中的理想和责任，多数人都在辛辛苦苦、勤勤恳恳地向着目标追逐，可是很多人都会深陷其中不可自拔，在追求中迷失自我。

虾看到螃蟹身上有时候会呈现出好看的红色，很羡慕，问它为什么会这样。

螃蟹告诉虾，说：“我经常会跑到陆地上晒太阳，当强烈的阳光照耀在我身上时，身上便会呈现出好看的红色。”

虾听后兴奋不已，一跃跳到了岸上，也晒起了太阳，结果却被太阳晒死了。

在这个小故事中，虾由于没有认清自身活动的规律和生活习性，盲目跳到岸上去晒太阳，结果将自己“晒死了”！这个故事再一次告诉我们，迷失自我的过程，也就是酿造悲剧的过程。人类的存在之道就在于，不要盲目模仿别人，适合自己的才是最好的！

一头狮子睡醒之后，发现自己的尾巴上挂了张标签，上面写着“驴”，有编号，有日期，有圆圆的公章，旁边还有个签名。这个标签，它自己是无法摘去的，得通过合法的方法摘下来。

狮子愤愤地质问狼：“我是不是狮子？”

“你是！”狼慢条斯理地回答，“但依照法律，我看你是一头驴！”

“怎么会是驴，我从来不吃干草！”

“我是不是狮子？”狮子又向袋鼠咨询答案。

“你的外表，无疑有狮子的特征，”袋鼠说，“可具体是不是狮子我说不清！”

狮子又去问驴，驴说：“你虽然不是驴，可也不是狮子！”

狮子低三下四地追问，它求狼作证，又向豺狗解释，可是同情狮子的虽然很多，但谁也不敢把那张标签撕去。渐渐地，心力交瘁的狮子发生了行为的改变，不是为这个让路，就是给那个闪道。一天早晨，从狮洞里便传出了“呃啊”的驴叫声。

毫无疑问，这是狮子的悲剧！可是，为什么会发生这样的悲剧呢？究其原因，是因为狮子在那个写着“驴”的标签下，迷失了自己。

幸福并不取决于你是什么人或拥有什么，只取决于你想的是什么。走在生活的路上，我们有时也不免会被他人贴上这样或那样的“标签”。那么，该如何对待这些标签呢？智者早已经给出了我们答案。

在会稽山一战中，越王勾践，丢盔卸甲，惨不忍睹。他蜷缩在会稽山上，山下就是夫差狂妄的大军。怎么办？这时候，大夫文种给他出了一个主意，于是勾践忍受着巨大的屈辱走到了越国，勾践被俘。

一天，吴王夫差病了，身体感到不舒服，勾践前去请安，他说自己可以为吴王治病。可是，吴王怕他对自己不利，不允许他靠近。

为了赢得吴王的信任和好感，勾践竟然将吴王排出的粪便放在嘴里辨别病因。吴王看到十分感动，结果勾践竟然真的治好了吴王的病症。之后，他每天依旧细心地给吴王喂马，服侍于吴王的左右，并对他毕恭毕敬。渐渐地，吴王对勾践消除了戒心。

过了两年，吴王觉得勾践确实归顺了吴国，不会对吴国产生任何威胁，于是下令放勾践回了越国。受尽侮辱的勾践带着夫人和范蠡回到越国，卷土重来，很快就灭掉了吴国。

勾践忍受着巨大的屈辱走到了越国。此时，贴在他身上的是至微至贱的“奴隶”标签，他把一个“奴隶”的角色演绎得淋漓尽致：夫差出行，勾践就跑到前头给夫差牵马；夫差生病，他就躬下身去亲口尝尝夫差的粪便……所有的卑躬屈膝的行为，看上去是那样的合情合理。但是，“奴隶”的标签并没有让心存复国之念的勾践迷失自己。他卧薪尝胆，发奋作为，终于一举击败了夫差，留下了“三千越甲可吞吴”的佳话。

“奴隶”的标签给了勾践奴隶的生活，但勾践正是在这个标签下坚守了自己的心性和品格，打通了通往新生的路径。勾践的故事再一次提醒我们，要按自己的爱好、自己的能力、自己的心愿去走好人生之路；不要太在乎人家怎么看，人家怎么说，只要摆正自己的位置，选好自己的路子，适合自己的便是正确的！

人在旅途，谁都不能保证不遭遇他人的误解甚至陷害；谁也不敢说，生命中不会面临诋毁和打击，我们能做的就是点燃内心执着的火焰、拉紧坚持的绳索！

如果你是一头雄狮，就绝不要因为尾巴上一个“驴”的标签，将自己异化成一头驴！如果你是森林之王，就绝不要因为蹩脚画家的几处败笔，让自己软化成一只卧于农家炕头的猫！

敢于否定自己意味着什么

“人非圣贤，孰能无过？过而能改，善莫大焉。”古人的这句名言告诉我们，一旦犯了过错，就应该自我反省，吾日三省吾身；认识到了自己的错误，更要勇于承认自己的错误，否定自己业已形成的狭隘理念，如此才能达到至善，才能获得幸福。

自我肯定，可以让我们拥有自信，但更大的自信是敢于自我否定！如果能够对自己的“过去”进行扬弃，体现的不只是远见卓识，更是一种自我超越，这必将带来更大的自信。

只有那些惧怕失败与否定、没有人生优势的人，才会真正自卑，才会在心里对自己彻底否定。只有不断地否定自己，不怕失败，不怕否定，才能真正自信起来。

李蕊虽然怀揣着MBA（工商管理硕士）的证书，但她依然接受了现有的这个低层的公关职位，因为她需要一个熟悉和适应的过程。可是，工作并不如她想象的那样轻松有趣。

上级身兼数职，平时工作繁忙，经常出差，案头的工作和资料堆积如山，这自然就成了李蕊的事情。由于刚刚上手，对工作的情况并不熟悉，每天的整理和安排都忙得李蕊晕头转向。

上级是个大忙人，对下级要求很高，布置工作从来都是提纲挈领，需要下级对工作有相当的熟悉程度和悟性。所以，刚开始工作的一段时间，李蕊有种强烈的紧迫感，经常会感到千头万绪，不知从何下手。而且，同事间的竞争一刻也没有停止。李蕊想，与其和他们较劲，还不如自己动手。不管做任何工作，她都会尽力拿出最好的设计方案。然后，又不断地否定自己，以期做得更好、更出色。逐渐地，李蕊建立起了更强的自信，也在不断的否定中看到了自己的潜力，并将这种潜力逐渐开发了出来。

不断否定自己是一种自我的“心理暗示”，一种不断告诉自己可以做得更好的心理暗示。这种心理暗示从心理学角度讲，就是个人通过不断否定最佳的方式，对自身施加影响的心理过程。这种自我暗示，经常会在不知不觉之中对自己的意志、生理状态产生影响。

当你知道迷惑时，并不可怜；当你不知道迷惑时，才是最可怜的！只有对自己形成正确的认识，知道自己是一个什么样的人、能够做什么、不能做什么，才能做自己的主人，独立地作出判断和行动；只有不怕否定、批评和指责，才不会停留在现在的安全感里，敢于展现勇气去追求自己的幸福！

美国圣地亚哥的一个贫民家庭有个男孩，父母没有固定工作，长期生活在饥寒交迫之中。迫于生计，男孩高中的学业没有完成，不得不提前离开了学校。

辍学后，男孩找到了自己的第一份工作——到一家小餐馆洗盘子。每天下午4时上班，经常要工作到第二天的凌晨。

丢掉洗盘子的工作后，男孩又到一家停车场去洗车。没多久，又换到一家洗洁管理公司工作……经常性地更换工作，男孩忍不住想："可能我一辈子只会洗东西吧?"

20岁那年，男孩开始了自己的世界旅行。他和两位好友用300美元，横穿了美洲、欧洲、亚洲和非洲；靠汽车和步行，他行程近万英里。在非洲的撒哈拉沙漠，男孩吃尽了苦头，他突然意识到一个问题——每个人都必须横穿自己的撒哈拉沙漠。

30岁的一个晚上，男孩深夜无法入睡，他质问自己："为什么我这么努力，却还住在便宜的公寓中，不能开名车、住豪宅?"这时，他忽然意识到，成功或许只要掌握一些规律即可。

从那个夜晚开始，男孩便开始认真思考成功的方法。他对同一家公司的顶尖业务高手进行了观察，向他们学习拜访客户和时间管理方法。之后，便对自己进行了有序的调整，并制定了一系列新的工作规划。很快，他的业务水平便迅速提升，也赚到了数倍于以前的收入。

在事业一片光明的时候，男孩又不断质问自己：这就是我想要的生活吗？之后，他突然放弃了这项事业，去做演说家和作家了。凭着自己的执着与智慧，以及对成功的理解和对成功规律的把握，很快男孩就成长为光芒四射的演说家和潜能激励大师，出版专著，四处演说。

这个男孩就是全美最具影响力的演说家和成功学讲师，当今世界上最知名的心灵导师——博恩·崔西。

博恩·崔西的故事再一次提醒我们，只有不断否定自己，才能更进一步。如果想获得幸福，首先就要改变自己；而要改变自己，就要正确认识自己，敢于否定自己！

不断否定自己是一种自信，也是一个不断认识自己的心理过程。自省的更高境界就是自我否定！人，时常需要自我提醒、自我怀疑、自我否定！生活具有迷惑性，要停下来进行自我质疑或者向他人请教。对于我们来说，最大的敌人就是自己，不敢自我否定的人，迟早会被别人否定。一个人倘若不能胸襟坦荡，大胆地解剖自己、怀疑自己、否定自己，就无法在一个个无知中超越自己、发展自己。

如今，我们身处一个变化速度极快的时代，这个世界上唯一不变的就是变化。稍有迟疑，就会失之千里。要活下去，只有超越；要超越，首先必须超越自我，敢于进行自我批判与自我否定。

有必要跟自己过意不去吗

在我们身边，很多人都会跟自己过意不去：本来不想穿西装，而且公司也没有对服装做硬性要求，可是工作的时候却经常要穿上；本来不用将所有的事情都做完，可是却硬要让自己统统做好，结果将自己搞得非常累还效率不高……

每个人的一生都很短暂，没必要和生活斤斤计较，有些事如果弄不懂，就不去懂；有些人猜不透，就不去猜；有些理儿想不通，就不去想……聪明的人都会把不愉快的过往珍藏在无人的角落，告诉自己：我可以不完美，但一定要真实；我可以不富有，但一定要快乐！

在这个世界上，有许多事情是我们难以预料的。可是，虽然不能控制际遇，却可以掌握自己；虽然无法预知未来，却可以把握现在；虽然不知道自己的生命有多长，却可以安排当下的生活。只要活着，就有希望；只要洒脱一些，就会收获幸福！

唐代，有一位高僧叫慧宗禅师，他非常喜爱兰花，在寺院栽植了十多盆。

一天，慧宗打算到外地云游，临行前吩咐弟子要看护好寺院里的兰花。弟子们深知兰花在禅师心里的重要性，侍弄兰花的时候都非常谨慎小心。可是，一天深夜，狂风大作，暴雨如注，弟子由于疏忽将兰花遗忘在了户外。

第二天清晨，弟子们出门一看，发现遍地狼藉，花架倾倒，花盆破碎，棵棵兰花蔫头耷脑。他们提心吊胆地等着师父回来，等待接受师父的责罚。

几天后，慧宗禅师回来，看到了那些衰败的兰花，可他却泰然自若，神态平静安详。他没有责怪弟子，而是宽慰他们说："当初，我不是为了生气而种兰花的。"

一句平淡无奇的话，弟子们听后个个肃然起敬，更是如醍醐灌顶、大彻大悟。

这则故事告诉我们，要学会坦然接受生活给予我们的一切，包括生命中留下的挫折、失败、遗憾、失误。只有像慧宗禅师那样不为物役、不自设藩篱、不自寻烦恼，才能收获满满的幸福。

人生于世，不如意事十之八九，无论发生了什么事，都不要埋怨，更不必生气，没必要和自己过不去。也许我们更应该感谢那些缺憾，因为它让我们懂得珍惜、懂得面对、懂得自制。

幸福不过是人生的一个驿站，而痛苦才是人生的整个过程。

一位大龄姑娘经过不懈努力，终于将要完成个人的人生大事，可是，这时候不幸却发生了——男朋友出了车祸瘫痪。知道这件事情后，姑娘哭得死去活来，在医院当场昏了过去。此后几个月，她还常常面对男友的惨状泣不成声。

男友遇祸，已经不幸，姑娘过分的伤感，又使自己的情绪染上了一层暗霜。其实，人生的磨难有很多，千万不能对每一个伤害都过于敏感。在生活磨难面前，精神上的坚强和无动于衷是一个人抵抗罪恶和人生意外的最好武器。

一位外语爱好者经过不断的努力，英文水平有了很大的提高，可以进行著作的翻译了。接着，他又为自己设定了下一个目标——在半年内攻下德语。结果，由于过度劳累，生了一场大病。

人的承受力都是有一定限度的，超过自己的所能，去苛求不现实的“成功”，是对自己的迫害。

普通人追求世人理解，得道者处处被人误解！与其不停抱怨、自怨自艾、闷闷不乐、郁郁寡欢，或迁怒于人，倒不如放下一切不良的情绪，反躬自省，调整心态，振奋精神，完善自己。如此，才能让自己心智清明、灵透、厚重、纯真，才能让我们对自己所经历的一切有一个清醒的认知；才能让我们在生命的田地里播种希望的种子，让它们绿树成荫、繁花似锦，充满盎然春意和无限生机。

世界很大，个人很小，没有必要把一些事情看得那么重要。艰辛的生活，我们已经很苦、很累，无须对自己责备。任何一个人的一生都不会事事如意，何必要强迫自己？只要自己尽心了，无论结果如何都可以；跟自己过不去，只会让自己感到更累！

（1）不要拿自己和别人比较，不要贬低自己，我们每个人因为不同而特别。

（2）不要将别人认为重要的东西当作自己的人生目标，只有你自己知道什么最适合你。

（3）不要沉迷于过去或未来而让生命从你的指缝间溜走，珍惜每一天，你也就拥有了生命中的每个日子。

（4）不要对自己最熟悉的东西熟视无睹，要像珍惜生命一样珍惜它们，因为缺少了它们你的人生也会变得毫无意义。

（5）不要在自己还可以付出的时候选择放弃，因为任何事情都不会在决定放弃努力之前真正结束。

（6）不要害怕承认自己的不完美，因为正是这根脆弱的绳索将我们维系在了一起。

（7）不要认为自己很强大，凡事都义无反顾地向前冲；不要害怕遭遇危险，只有冒险才会让我们学会勇敢。

（8）拥有爱的最快方式是给予爱，失去爱的最快方式是将爱牢牢禁锢，维系爱的最好方式是给它插上翅膀。

（9）不要总想梦想成真，不是每个梦想都可以实现；不要放弃梦想，没有梦想就没有希望，没有希望就没有意义。

（10）不要让自己的生活过得太匆忙，以至于忘了自己到过哪里、去往何方。人生不是赛跑而是旅行，要懂得驻足欣赏周边的风景。

第三章 理解有罪

冲突的真相

人与人之间，只要有交往，就难免会产生摩擦，有了摩擦便少不了矛盾。矛盾多了，就会与身旁的人拉远距离，会对周边的环境产生隔阂，久而久之便会影响身心的健康。那么，人与人之间为何会发生矛盾呢？其中一个重要的原因就是缺乏理解。

人与人之间的理解，就如流水一般。如果不能相互理解，它就会如流水一般流淌而去，抓也抓不住，连那偶尔残留的水渍也会被晃眼的阳光一一带走。

公交车上，一位农村老太太没听售票员报站坐过了站。售票员一再向老人道歉："对不起，是我照顾不周，以后乘车的时候您一定要多注意些。"而老人却直说："都是我自己不对，做事太大意了。"老人下车了，他们两人会心一笑。那个微笑虽然只是平凡的微笑，但却是相互谅解的结果。

生活中，不懂理解别人的人，是不配受到别人的理解的。有时候，我们确实很自私：一切以自我为中心，一点儿也不顾及别人的感受；总希望别人来理解自己，却不懂得去理解、帮助别人。在人生漫长而又艰辛的旅途中，每个人都会遇到很多突如其来的麻烦、困难，这时候最需要的是什么呢？是他人的理解、支持与帮助。

每个人都有自己的情感世界，都希望得到别人的理解，也希望理解别人，如果你真诚地理解别人，得到的理解就会比过去多得多；如果你只希望别人理解自己，而不会理解别人，永远都不会如愿以偿。因为理解是爱，而爱却是真诚而且是相互的！

一天晚上，一位老禅师在禅院里散步，突然发现在墙角边有一张椅子。他一看便知道，一定是有人违反寺规越墙出去溜达了。

老禅师没有出声，而是走到墙边，移开椅子，就地而蹲。一会儿过后，果然看到一个小和尚翻墙，在黑暗中踩着老禅师的背脊跳进了院子。

双脚着地时，小和尚才发觉刚才踏的不是椅子，而是自己的师父。小和尚吓了一跳，惊慌失措，张口结舌。可是，让小和尚始料未及的是，师父并没有厉声责备他，只是以平和的语调说："夜深天凉，快去多穿一件衣服。"

可以想象，听到老禅师此话后徒弟的心情。在这种宽容的无声的教育中，徒弟定然不会再犯同样的错误。

理解是一种高贵的语言，是心灵静默的一种升华，是填平人与人之间鸿沟的石土，在人际交往中，应学会理解与善待他人。

爱是理解的别名。理解，既是一种换位思考，也是对人生的一种领悟。多一分理解，就多一分温暖；多一分理解，就多一分感动；多一分理解，就会多一层美好。只有胸怀坦荡的人，只有敞开心扉的人，才会用人性的善良去理解别人的痛楚、理解别人的需求、理解付出的内涵与本质。

人生若只如初见

清代著名词人纳兰性德享有很高的声誉，其词一到凄婉处，就会让人不忍卒读；不得不承认，纳兰词确实写出了人生的很多无奈！

“人生若只如初见”这句话出自纳兰性德的《木兰花令·拟古决绝词》，意思是说：事物的结果并不像人们最初想象的那样美好，在发展的过程中往往会变化得超出人们最初的理解，没有了刚刚认识的时候的美好、淡然。一切停留在初次的感觉多么美妙，当时的无所挂碍，无所牵绊，一切又是那么自然。初见时的美好，结局的超乎想象，描绘的人生，总有那么几许淡淡的遗憾和哀伤。

我们的生活怎会总像刚刚相识的时候那般美好？人生就像是滚滚流水，是无法回去的。可是，很多人却认为，回不去的，得不到的，总是美好的。这种想法是不对的！我们不应该停留在如初那般美好中，而应该珍惜现在还未开始的美好！

一位哲学家经过浩瀚无边的荒漠时，看到了一座很久以前的城池废墟。虽然经过岁月的洗礼，这个城池已经显得满目沧桑，可是如果仔细观察，依然能辨别出昔日辉煌时的风采。

哲学家想在这里休息一下，就随手搬过一个石雕坐下来。他点燃一支烟，望着被历史淘汰下来的城垣，想象着曾经发生过的故事，不由得感叹了一声。忽然，他听到有人说：“先生，你为何感叹？”

哲学家向四周看了看，却没有人，他疑惑起来。这时候，那声音又响起来：“先生，你为何感叹？”

哲学家仔细看看四周，终于发现这声音是从一块石雕发出来的，那是一尊“双面神”神像。在过去，他从来没有见过双面神，因此感到很奇怪："你为什么会有两副面孔呢？"

双面神回答说："有了两副面孔，我才能一边察看过去，牢牢吸取曾经的教训；一边瞻望未来，去憧憬无限美好的明天。"

哲学家说："过去的只能是现在的逝去，再也无法留住；而未来又是现在的延续，是你现在无法得到的。不把现在放在眼里，即使你能对过去了如指掌，对未来洞察先知，又有什么实在意义呢？"

双面神听了哲学家的话，不由得痛哭起来，他说："先生，听了你的话，我才明白，我今天落得如此下场的根源在哪里。现在我的处境并不算最糟糕。"

哲学家问："为什么？"

双面神说："很久以前，我负责驻守这座城，当时我自诩能够一面察看过去，一面瞻望未来，却唯独没有好好地把握住现在。结果，这座城池被敌人攻陷，美丽的辉煌都成了过眼云烟，我也被人们唾骂而弃于废墟中。"

人生就像一条条锁链，相遇是一环，相爱是一环，思念是一环……环环相扣，才构成了多彩的人生。不要老叹息过去，它不会再回来，要明智地改善现在。每个人心中都有着一种初遇的情结，每个人的心底都有着一片瑰丽的花园，种植着温馨的花草，为不同的人守候，为不同的人绽放。

杯子："我寂寞，我需要水，给我点水吧。"

主人："好吧，拥有了想要的水，你就不寂寞了吗？"

杯子："应该是吧。"主人把开水倒进了杯子里。

水很热，杯子感到自己快被融化了，杯子想，这就是爱情的力量吧！

水变温了，杯子感觉很舒服，杯子想，这就是生活的感觉吧！

水变凉了，杯子害怕了，杯子想，这就是失去的滋味吧！

水凉透了，杯子绝望了，杯子想，这就是缘分的“杰作”吧！

杯子：“主人，快把水倒出去，我不需要了。”可是，主人却不在。

杯子感觉自己压抑死了，可恶的水，凉凉的，放在心里，感觉好难过。杯子努力一晃，水终于从杯子的心里走了出来。杯子好开心，突然摔在了地上。

杯子碎了，临死前它发现，心里的每一个地方都有水的痕迹，这时它才知道，它是如此地爱着水，可是，它再也无法把水完整地放在心里了。

杯子哭了，它的眼泪和水落在一起，奢望着能用最后的力量再去爱水一次。

人们都是这样，在拥有的时候不知道珍惜，失去了才意识到它的美好，感觉到它的珍贵。生活是一幅不错的草图，但永远也成不了一幅完善的画，我们都无法让一切演完之后又从头来过。难道只有经历了痛苦才知道珍惜吗？难道要到一切都无法挽回才想奋起直追吗？

追悔是一种情绪，莫及是一种状态，当你面对许多复杂的心情和紊乱的状态时，那种没有珍惜的遗憾会强烈地撞击着你的心扉。

成年人不希望被教育，不过需要被提醒！过去的已经成为一种永久的珍藏，成为一种无法挽回的记忆，将来的永远是一种未知。现在的时光或许困苦，但只有懂得珍惜，自己以后的日子才不会留下遗憾。

珍惜现在，既不要在虚幻的浮想中设计自己，也不要在失败的痛苦中否定自己。

珍惜现在，既不要在倾覆的边缘恐慌，也不要在一帆风顺时忘记自己。

珍惜现在，就会让我们在生命的竞争中时时刻刻拥有美丽与活力。

只有珍惜现在，才能不负春风！你所珍惜的，是你自己的人生和心情，也是你下一步要走的路！

“同而不和”和“和而不同”

“同而不和”和“和而不同”看似相同，却是两个意义完全不同的词语。

所谓“和而不同”，是指君子在人际交往中能够与他人保持一种和谐友善的关系，但在对具体问题的看法上却不必苟同于对方；所谓“同而不和”，则是指在对问题的看法上，小人习惯于迎合别人的心理、附和别人的言论，但在内心深处却并不抱有一种和谐友善的态度。

唐贞观年间（627—649年），薛仁贵还没有得志之前，与妻子住在一个破窑洞中，衣食无着，全靠王茂生夫妇接济。后来，在跟随李世民御驾东征时，薛仁贵屡立战功，被封为“平辽王”。

登上龙门后，薛仁贵的身价上涨了百倍，前来王府送礼祝贺的文武大臣络绎不绝，可是都被薛仁贵婉言谢绝了，只收下了老百姓王茂生送来的“美酒两坛”。

负责启封的执事官打开酒坛，发现里面装的是清水，吓得面如土色，以为王茂生戏弄薛仁贵。薛仁贵听了，不但没有生气，还命令执事官取来大碗，当众饮下三大碗。

在场的文武百官都搞不明白，薛仁贵喝完之后，说：“过去，在我落难时，全靠王兄夫妇资助，没有他们就没有我的今天。今天，我之所以不沾美酒、不收厚礼，却偏偏收下王兄送来的清水，是因为我知道王兄贫寒，送清水是王兄的一番美意，这就叫君子之交淡如水。”

此后，薛仁贵与王茂生的关系更好了，“君子之交淡如水”的佳话也就流传了下来。

在日常生活中，人们对某一问题持有不同的看法，这本是正常的。真正的朋友应该通过交换意见、沟通思想而求得共识；即使暂时统一不了思想也不会伤了和气，可以经过时间的检验来证明谁的意见更为正确。

真正的君子之交并不会寻求时时处处保持一致；相反，他们会容忍对方有其独立的见解，不隐瞒自己的不同观点，赤诚相见、肝胆相照。但是，那些蝇营狗苟的小人却不是这样！

杨平是重庆人，性格比较直，而且有一些坏习惯，就是赌博、酗酒，身边有很多酒肉朋友。后来，杨平和从小一起长大的朋友于森一起到成都做生意。

公司刚成立的时候，两人齐心协力，公司的生意日渐红火起来。杨平经常与酒肉朋友做生意，于森从旁提醒，叫他不要太相信酒肉朋友。可是，意气风发的杨平不但不加理会，反而觉得于森太土、不懂享受、没有共同语言，便和于森分了家。

做生意通常都有起有落，没过多长时间，公司便陷入困境，自己风光时合作的那些所谓的朋友渐渐失去了踪影，最后杨平才知道，公司之所以会陷入困境，都是那些“朋友”搞的鬼。当杨平再去寻求其他人帮助时，有的朋友甚至冷眼相向。

这时，于森主动找到他，出钱出力，帮助杨平的公司渡过了难关。两个曾经的挚友重新坐在一起，杨平这才明白：饮茶要选品位，朋友也要品其味！

小人之交，表面上亲密无间，关系好得无人能比，平日里甜言蜜语，好话说尽，但是只能锦上添花，绝不会雪中送炭，更有甚者还会落井下石！他们或是隐瞒自己的思想，或是根本就没有自己的思想，更有甚者党同伐异、以人画线。

凡是“朋友”的意见，即使是错了也要加以捍卫；凡是“敌人”的观点，即使是对的也要加以反对！

活在善意里

如今，网络和媒体上经常会出现一些“碰瓷”“好心帮助反而被讹”的事件，本来是做好事的人却受到刁难，着实令人感到心寒。于是，很多人便收起了自己的善心，即使看到需要帮忙的人，也会袖手旁观。对于这样的事情，让我们不得不重新审视道德的问题；对于这种现象，很多人也发出了这样的疑问：究竟要不要行善？

“人之初，性本善”！这是《三字经》里的首要观点！善良是人性光辉中最温暖、最美丽、最让人感动的；善良是和谐、美好之道。只有心中充满慈悲、善良，才能感动、温暖人间。

只有善良的品格，无论对于神或人，都永远不会成为过分的东西。一个善良的人，就像一盏明灯，既可以照亮周围的人，也能够温暖自己。善良无须灌输和强迫，它会相互感染和传播。

琼斯是一位单身女子，刚搬了新家，她发现隔壁住了一户穷人家：一个寡妇与两个孩子。

有天晚上，那一带忽然停了电，琼斯只好自己点起了蜡烛。没一会儿，她忽然听到有人敲门。琼斯打开门一看，原来是隔壁邻居的小孩，只见小孩紧张地问：“阿姨，请问你家有蜡烛吗？”

琼斯心想：“他们家竟穷到连蜡烛都没有吗？千万别借他们，免得被他们依赖了！”于是，对孩子吼了一声：“没有！”

可是，就在琼斯准备关门时，小孩展开关爱的笑容说："我就知道你家一定没有！"说完，竟从怀里拿出两根蜡烛，说："你一个人住，妈妈担心你没有蜡烛，让我带两根来送给你。"听了小孩的话，琼斯自责、感动得热泪盈眶，将那小孩紧紧地拥在怀里。

孔子在《论语·宪问》中曾经说过这样一段话："君子道者三，我无能焉：仁者不忧，知者不惑，勇者不惧。"如果一个人有了一种仁义的胸怀，便能真正做到内心的坦然和平静。

善良是生命中的真金，善良是人性中最可贵的生命之光，一个人不会因为自己的善心而损失什么，反而会因为自己的善心而得到福报。当善良之人造福他人的时候，也是在造福自己；当他们帮助别人的时候，也是在帮助自己。

春节期间，我和一个朋友幸运地订到了去北京的火车票。上车后，我们发现，有位女士正坐在我们的位子上。朋友示意我先坐在她旁边的位子，却没有请这位女士让位。我仔细一看，发现她右脚有一点不方便，才了解了朋友为何不请她让出位子。

就这样，从呼和浩特一直站到北京西，朋友从头到尾都没向这位女士表示这个位子是他的。下了车之后，我对朋友说："让位是善行，但从内蒙古到北京，时间这么长，完全可以中途请她把位子还给你，换你坐一下。"

可是，朋友却说："人家不方便一辈子，我们就不方便这几个小时而已。"听到朋友这样说，我相当感动，有这么一位善良又为善不欲人知的朋友，不也是人生之幸！

心念一转，世界可能从此不同！在我们的一生中，每件事情都有转向的能力，就看我们怎么想、怎么转。虽然我们都不会在三分钟内获得成功，但也许只要花一分钟，生命就会从此不同。

很多时候，当我们给予别人帮助时，收到益处的往往不是那个被帮助的人，而是我们自己。帮助的人越多，收获到的也越多，善良的人能以他人的幸福为幸福，因他人的快乐而快乐，在任何时候都不会幸灾乐祸或损人利己。

每个人都可以用善良慈悲之心给予他人帮助，不管我们做什么工作，也不论我们有多大能力，都要积极地去帮助别人！你种下什么因就结什么果，这就是因果循环的自然规律！

第二部分　生死的觉醒

生命不可能有两次，但许多人连一次也不善于度过。

——吕凯特

第四章　生死的困惑

人为什么而活

人为什么而活？胡适曾说：“生命本身没有什么意义，你要能给它什么意义，它就有什么意义。与其终日冥想人生有何意义，不如试用此生做点有意义的事。”

人，作为生物，求生是其自然本能；活着，是生命的唯一要求。活着是美丽的，尽管活着的时候常常有许多痛苦，但和死亡相比，却是一种幸福！

死亡犹如飘零的枯叶，没有了生机，没有了梦想，就再也无法散发鲜活的清香；可是，只要活着，就可以感受温馨的阳光，编织各种绚丽的梦幻。只有经历过死亡的洗礼，才知道活着是多么可贵！

一个美国人、一个法国人和一个犹太人要被关进监狱，服刑三年。在正式入监之前，监狱长让他们每人提一个要求。美国人爱抽雪茄，向监狱长要了3箱雪茄；法国人喜欢浪漫，向监狱长要了一个美丽的女子；而犹太人则向监狱长索要了一部能与外界沟通的电话。

三年的时间一晃而过，这天，监狱长打开了监狱的大门。

第一个冲出来的是那个美国人。他的嘴里鼻孔里塞满了雪茄，大声喊着：“给我火，给我火！”原来，他忘了向监狱长要火柴了。

第二个出来的是法国人。只见他手里抱着一个小孩，女子手里牵着一个，肚子里还怀着一个。

最后一个出来的是犹太人。他紧紧地握住监狱长的手说："在这三年里，我每天都在和外界联系，我的生意不但没有停顿，反而增长了200%。为了表示感谢，我要送你一辆劳斯莱斯！"

这个故事告诉我们，什么样的选择决定什么样的生活！今天的生活是由以前我们的选择决定的，而今天的选择将决定我们以后的生活。要想创造自己的未来，就要选择最新的信息，了解最新的趋势。

生命是由每一天的生活累积而成的，命不好代表你生活得不好，认真生活每一天，你的命就会很好！不同的人，对于生命的意义，有着不同的理解。只有懂得生命真谛的人，才可以使短促的生命延长而富有真实的意义。

从来到这个世界，到走完整个人生，就是人们常说的生命。一个人，无论属于哪个种族和国度，无论是男是女，无论生命长短，无论职位高低，无论从事何等职业，都会如此度过这一历程。

有人说：生命本身是无意义的，但偌大的世界有你不多，无你不少。当生命赋予了人，也就注定了会有意义。为了生存，为了活好、过好，我们就会对生命产生不息的追求，而这种追求便赋予了生命的意义。

生命属于人的只有一次，如果能正确地运用，让其在奋斗中闪耀出绚烂，在平凡中也会呈现出真实！

死亡意味着什么

为什么人们都特别怕死？或者说，究竟是什么力量在支配人们拼命活着？为什么要坚信"生命高于一切"？生是死的开始，死是生的希望！从出生的那一刻起，我们便开始了生命的倒计时。活在当下，就要惜秒如金！

生命就在呼吸之间，每一秒都是下一秒的“过去”。我们是握着拳头来到这世界的，仿佛是说：“整个世界都是我的。”可是在离开人世时，人都是摊开手掌的，仿佛在说：“看吧！我什么也没带走。”生老病死是一切生物的客观规律，谁也逆转不了。

生命在前进的同时，也在走向死亡！生是一种自然的规律，死也是人生的一种必然。德国浪漫派美学家西美尔就说过：“在任何一个生命的时刻，我们都在走向死亡。”死亡是必然的，也是人类社会最公平的事情，不论富人、穷人，伟人、凡人，在死亡面前都是平等的。

死亡存在于生命的旅途中，不可回避，对待死亡，我们应淡然自若；而对生命，则应万分珍惜。不管干什么，根据自己的心来学会感恩，学会爱，去尊重、关心每一个人，爱身边的每一个人，珍惜和他们在一起的每分每秒，你的生命也会更有价值，死亡也就有了意义！

好生恶死是人的本能

对于生，任何人都渴望；对于死，人们都忌讳！好生恶死是深植于人类脑海里的自然本能！何止人类，连动物界也是如此！

在孤岛上，生活着一群蚂蚁，当野火向它们包围过来的时候，求生的本能让它们迅速聚集起来，抱成一团，然后像滚雪球似的，义无反顾地向火海冲去。外面一层层的蚂蚁在“噼啪”的焚烧声中死去，却换来了最里面的蚂蚁的逃生。

哈佛大学生理学家沃尔特·坎农于 1915 年提出的战斗——“战逃反

应”也是这方面的一个例子：当人面对危险或压力时，有种生理触发器会帮我们决定是否留下来战斗。

当我们面对压力或危险时，大脑的下丘脑部分就会被激活。它将启动一系列身体反应，释放出几种化学物质，激活若干神经细胞反应，以便应付迫在眉睫的状况。肾上腺素会进入血液，我们的心跳会加快，血液会很快地进入肌肉和四肢。这时候，我们的知觉、视力和行动力都被加强或加快。

在各种资料中，出现了很多深植于人类的生存本能帮助人们活下来的例子。

在日本西部的一次徒步旅行中，史蒂芬与朋友走散了。之后，史蒂芬被东西绊倒，受到撞击，昏迷了过去。史蒂芬记得的最后一件事是躺在一个长满了草的地方，然后就睡着了。

在24天后，史蒂芬被发现，那时候他已经没有脉搏，而且几乎所有器官都已停止工作，体温只有71华氏温度（22℃），史蒂芬被诊断为冬眠。但是，医生惊奇地发现，史蒂芬的大脑并没有受伤。

没有任何科学能够解释史蒂芬为什么能在没有食物和水的环境下生存那么久。毕竟，人类在没有水的情况下只能生活3~5天。这是人类的生存本能吗？是的！

这种宝贵的生存能力，或许要归功于我们的穴居人祖先。原始社会，人类经常要面对各种危险，战逃反应可以帮助他们迅速做出决定，提高生存概率。时至今日，也正是这种本能才创造了一个又一个奇迹，让普通人冲进着火的大楼，让一位母亲硬生生地抬起了一辆快轧到孩子的汽车。除此以外，它也会帮助我们度过某些没有生命危险的情况，比如，被老板指着鼻子大骂。

好生恶死乃人之常情！如今，大多数人都忌讳谈死，殊不知“人生自古谁无死”，死亡岂是逃避或所谓的“看开”就能解决的。对于迟早都将面临的事实，早一点认识并作充分的准备，只会有好处；如此一来，你就不会由于对死亡的愚痴无知而产生不必要的焦虑与害怕，更不会因为自己错误的看法，将死亡的情况弄得更糟。

苏格拉底是古希腊著名的大哲学家。在当时，哲学是很崇高的职业，很多年轻人都来找苏格拉底学习。

一个年轻人想要学习哲学，苏格拉底什么话也没说，只是带着他来到一条河边，突然用力把他推到了河里。开始的时候，年轻人以为苏格拉底在跟他开玩笑，并不在意。可是后来，苏格拉底也跳到水里，并且拼命地把他往水底按。

年轻人真的慌了，求生的本能让他拼尽全力将苏格拉底掀开，爬到岸上。上岸之后，年轻人不解地问苏格拉底为什么要这样做，苏格拉底回答说：“我只想告诉你，不管做任何事情，都必须有绝处求生那么大的决心，如此才能获得真正的成就。”

佛家认为，普通人活着的时候，迷迷糊糊地造业；死的时候，又被业力牵引，仓皇无奈地离去，这种生死都做不了主的人生，一点美感都没有。即使你是达官贵族、亿万富翁，即使你俊美靓丽、貌赛西施，一旦死亡到来，你就得舍弃所拥有的一切。

要想降低这种“大布施”的逼迫感，就要在活着的时候，将身心的妄执布施给空性；将安详喜悦布施给众生……因为，只有觉醒的人生，才能真正懂得死亡的艺术。

死亡的心是接续来生的近因，临终的心志更是无可言喻的重要！死亡不是灭绝，而是另一个生命的起点！

第五章　人活在呼吸间

思想是什么

18 世纪法国思想家卢梭曾经说过："无论是男性或女性，我认为实际上只能划分为两类人：有思想的人和没有思想的人，之所以有这种区别，差不多完全要归因于教育。"

人有许多划分的方法，这里将人分为有思想的与无思想的，也就抓住了人之为人的要害。虽然说，有没有思想是否要完全归因于教育，是值得进一步讨论的。但是，无论如何，教育肯定是影响思想形成的最重要的原因。

那么，什么是有思想的人呢？通俗地说就是，"这个人有自己的脑子"。这种说法比较形象，简而言之就是，一个人面对人生、社会与世界有自己独到而系统的看法。

美国前副总统亨利·威尔逊出生在贫困的家庭，当他还是一个无知的孩童时，他就已经感受到了贫穷的窘迫。他深深地体会到，当向母亲要一片面包而她手中什么也没有时是什么滋味。

威尔逊承认，自己家确实很穷，但他不甘心，一定要改变这种状况。"我不会像父母那样生活"的念头每时每刻都缠绕在威尔逊心头。从某种意义上说，威尔逊一生所有的成就都要归结于他这颗不甘贫穷的心。

10 岁那年，威尔逊离开了家，之后便当了 11 年的学徒工。在 11 年的学徒工生活结束后，威尔逊得到了一头牛和六只绵羊作为报酬，这是他第一次获得劳动回报。在 21 岁生日之后的第一个月，威尔逊带着一队人进入了一个几乎还没有被开发的原始森林，去采伐木头。一个月辛劳努力之后，威尔逊获得了 6 美元的报酬。当时，在他看来这可是一个大数目！

虽然出生在贫困的家庭，虽然面对看上去无法选择和改变的困境，但威尔逊抓住了发展自我、提升自我的机会，他抓住每一分钟的时间用来学习和提升自己。在他 21 岁之前，他已经设法读了 1000 本好书。

他曾徒步到 100 里之外的马萨诸塞州去学习皮匠手艺；他在行走的途中经过了波士顿，在那里可以看见邦克山纪念碑和其他历史名胜。威尔逊想尽一切办法提升自己，一年后他已经在一个辩论俱乐部脱颖而出，成为其中的核心人物。

后来，威尔逊在马萨诸塞州的议会发表了著名的反奴隶制度的演说。12 年之后，他进入了国会。以后，又当上了副总统。

威尔逊终于凭借自己的个人奋斗获得了成功，摆脱了原来的贫穷！如果一个人先从自己的思想上开始奋斗，那么他就是个有价值的人。

对一个人来说，除思想以外，没有什么优美和有意思的东西可以留下来，因为思想就是生命！你改变思想，思想也会改变你，改变你的人生道路。无论是物质上的贫穷，还是精神上的贫穷，只要拥有一颗不甘平凡的积极向上的心灵，只要乐于从思想上改变自己，你的目光有多远，路就有多远。

犹太人有这样一句格言：“人类一思考，上帝就发笑！”可是，一个没有思想的人，恐怕很难称为真正意义上的人，最强大的力量就是来自头脑中的思想和内心里的力量。

很多时候，如果一个人对事物缺乏见解，我们可以说："他不是一个有思想的人。"但是，什么是思想？一个人又怎样可以变得有思想？如何才能成为一个有思想的人呢？思想是通过勤奋的学习和思考得来的。虽然我不否认其中存在一定的天赋因素，某些人生来就是比其他人更有思想，但是方法更重要，掌握正确的方法，确实有利于形成自己的观点。

思想就是观点！当你对一件事物有观点时，你就是有思想的。研究发现，在别人告诉他以前，大多数人都是没有观点的。观点越多、越接近本质，你的思想就越丰富、越深刻。这里要注意两个问题：

（1）观点不是事实。观点是基于事实之上的一种系统性判断和理解框架，事实是观点的基础。了解和掌握的事实越多，就越容易做出自己的判断。但是，事实本身不是观点，有些人虽然非常博学，但是没有思想。

（2）观点不一定是正确的。错误的思想也是思想。观点既然是一种判断，就有可能判断错误。不过，更多的情况是，很难判断某种思想是否正确，大多数思想都只在一定的范围内是正确的。因此，你可以问一下自己：你是否对大多数事物都有自己的观点，而且可以为这些观点辩护？是否有支持这些看法的理由？如果回答是肯定的，那么你就是有思想的。

死，无法超越的鸿沟

每个人的生命都是有限的，死亡也是一种必然！在英雄史诗《吉尔伽美什史诗》里面有这样一个故事：

乌鲁克的国王吉尔伽美什英勇善战，无人能敌。好友恩基杜去世后，他坐在遗体旁边陪伴了许多天。

一天，吉尔伽美什看到朋友的鼻孔里掉出了一只蛆，感到极度的恐惧和不安，他下定决心要战胜死亡。紧接着，他便踏上了前往世界尽头的旅程。途中，他不仅击败了狮子、与蝎人作战，还找到了进入阴间的方法。

到了阴间，他打碎了几个岩石巨人，遇见了阴间的摆渡人乌夏纳比，最后终于找到了经历巴比伦大洪水仍幸存的乌特纳比西丁。

虽然这时候，吉尔伽美什仍然没能战胜死亡，但是他却认识到了一个事实——死亡是人类摆脱不掉的必然命运，要学会接受！

生命从它诞生的那一刻起，便一步步地走向死亡。死亡是必然的，可是最重要的是面对死亡的态度。要想坦然地走向死亡，就要在生的时候知道“无愧于生命，能够体会到活着就是一种美丽”。如果你能时时刻刻地体会到生活的美丽，也就能坦然地走向死亡了。

每个人都会死，这是任何人都改变不了的事实，无非是死得好与死不好的区别。不管多么长寿，人注定还是要死的。

我们的身体是由大约60万亿个细胞构成的，通过复制旧细胞制造新细胞，并进行新旧细胞的更换，身体不断地成长。对此，加以控制的是存在于各个细胞内的遗传基因。不过，上了年纪之后，制造新细胞的能力会逐渐减弱，旧细胞则会增加，这就是老化的原因。老化加剧的话，皱纹会增加，牙齿会脱落，就会容易得病，身体的功能停滞，不久就会死亡。

万事万物都是一个循环，从宇宙的循环运转到四季往复，生物的生老病死……世界上似乎没有任何事物是不重复的。死，只是循环过程的一部分，将造就新的生……我们所能做的，只是顺应规律，顺应自然。

儿童、少年、青年、中年、老年，是一个不能抗拒的自然规律。在老年以前，各器官的功能都是健全的，运转都较为正常；但进入老年以后，身体的各个器官的功能已不如以前，抵抗力会下降，这时得病的机会就较以前增多。人体的重要器官得了病不容易治好，就会提前结束生命；只要某一器官患病，就会危及整个生命。

人体就像一台机器，经常地受到磨损，到一定的时间，也会报废；意外的事故，也会使人受损。无论从理论，还是从实践上来说，人都是不可能长生不老的。但是，人却可以通过一定的方式适当延长自己的寿命，比如，经常锻炼、保持心情愉快等。

生命本无常

当下，互联网以最快的速度给我们的生活带来许多变化，人类正在一步步地走向“网络时代”。互联网给我们呈现了一个神奇的世界，让我们的生活变得丰富多彩，但也让我们看到了世界恐怖的一面，如 2015 年的长江沉船事件和天津大爆炸等人员伤亡事件，在伤痛之余，很多人都不由得感叹生命的无常。

从生到死有多远？呼吸之间！或许，在前一刻我们还在和一个朋友嬉笑交谈，片刻之后，他就可能已经躺在了冰冷的殡仪馆，任你怎么呼喊他，他都不会从铁匣子里爬出来。生命本无常，珍惜现有的，才是最好的！

一天，我搭乘一个朋友的车去拜访一个客户。

一路上，朋友都开得很慢、很稳。我笑了笑，说：“老兄，你的车开得真稳！”他扭过脸问我：“你知道，我为啥开这么慢吗?”

我说：“你开车的时间还不是太长！时间长了，熟练了，走的路多了，自然就快起来了。”

朋友笑了，说：“一想起女儿，我就开慢车了。那些飙车的人，是不是没有家！”一瞬间，我懂了。

一个雨天，我和他在茶楼喝茶，他对我说："不管做任何事，我都给自己的生命设置了一个底线——陪伴女儿长到十八岁。以前，我总以为自己的身体非常好，一点小病，扛一扛就过去了；可是，为了孩子，我得讨个好身体，得和岁月软下心来讲和。"

朋友的话，简单却意味深长！一个人的生命，并不完全是他自己的。当你懂得这个道理后，就会明白什么叫责任。一个没有责任的人生，即使你活得再飘逸，也会比羽毛轻微。

很多时候，看起来一些貌似沉重不堪的人生，反而会让我们正眼相看，保持敬重。生命本无常，应该时刻珍重！在网络上曾经看到过这样一个故事：

春天的一天黄昏，一对夫妻出门散步。妻子中途说："去超市买一瓶酱油吧，家里没有了。再买一袋牛肉干，看电视时吃。"结果，就在他们扭头往超市走的时候，一个司机开车猛冲过来，妻子撞飞，当场死亡。哭号的丈夫，摇晃着，冲上去要找司机拼命。

生命离开，像马路上的红灯闪起、大雨来临前乌云翻滚一样，都不会有任何的警示和预兆。一个人的生命，哪怕是说遗言的机会，有时也被无情地剥夺。

生命的最大真相，就是死亡！死亡，是生命对生命的目送，可有时连目送的机会也没有。为了不出现这样的尴尬，趁现在还在人世，赶紧把目光投向亲人、朋友，把关爱、体贴、理解、祝福及时送上吧！

人们经常会说，生命本无常！"常"是一种常态，可以长期保持没有变化；而"无常"则是说，变化是绝对的，没有永恒。其实，不仅生命无常，世事无常，一切都无常，所有一切都不会永恒。而唯一能够永恒的，就是变化，就是无常。生命不仅会发生变化，而且会终止，所有的一切都会变，这就是无常。如果一定要说有常，那也只能在有限的一段时间内，保持相对有常而已！

古人云“耕良田千顷不过一日三餐，广厦万间只睡卧榻三尺”！即使我们有着花不完的钱，可是却买不来真正的爱情、亲情和友情；即使你富可敌国，也买不来平安、健康和幸福；即使你拥有的金钱再多，也只能在生时拥有，不能把它带进坟墓！所以，一定要学会珍惜身边现在所拥有的！

1. 珍惜亲情，善待你身边的亲人

特别是对你的父母，千万不要用“我很忙”让“子欲养，而亲不待”的悲剧重演！不要为了获得更多的金钱，而把大量的时间花在工作和应酬当中，要多抽出一点时间来和他们相处。

如果你确实很忙，可以以一条短信、一个电话等方式表达自己的问候和关心，让他们感觉到你的爱！如此，不仅会让他们的生活过得更加充实，也会让你的心里得到满足。

2. 珍惜爱情，善待你身边的爱人

佛家有言：“前世一千次的回眸，换来今世一次的擦身而过；前世一千次的擦身而过，换来今世一次的相遇；前世一千次的相遇，换来今世一次的相知；前世一千次的相知，换来今世一次的相爱！”茫茫人海，大千世界，只有他（她）为你回眸，和你相知，与你相守，难道不值得珍惜吗？

金无足赤，人无完人！不要因为某些缺点而忽视了他（她）的优点，更不要怠慢了他（她）、冷落了他（她）。幸运不会常常来敲门，幸福不会时时等着你，爱你的人和你爱的人不是随时可以出现，一定要学会珍惜！

3. 珍惜友情，善待身边的同事和朋友

友情是油灯，越拨越亮；友情是小河，越流越深；友情是鲜花，越开越美；友情是美酒，越陈越香。友情，是我们生存的必需品，值得我们一生珍藏！

不要为了所谓的钱财，而忽视了友情，把友情廉价拍卖；不要为了所谓的仕途，背叛友情，把友情践踏在脚下！只有珍惜友情的人，才会在自己的人生中闻到花香、感受到温暖！

人生在世，不过几十年！一抬头，一眨眼，几十年的时间就会匆匆而过，只能徒增感伤，却无法阻止时光就此前进的步伐。

生命无常，面对天灾人祸，不能只是感叹生命的脆弱、自身力量的渺小，更应该由此学会珍惜，珍惜身边所拥有的人和事，善待每一个生命，感恩每一次给予！

向死而生

在20世纪的西方哲学界，影响力最大最广的应该首推海德格尔。他的很多见解，特别是“向死而生”的智慧，给予生活在21世纪的我们巨大的启发力量。所谓“向死而生”，指的是明白了生与死的关系，就能勇敢地面对死亡，积极地生活。这是一种大彻大悟的人生心态！

庄子快死的时候，弟子们想帮他举行一个隆重的葬礼。可是，庄子却拒绝了。

弟子们感到很吃惊，惊讶地说：“我们担心尸鸢、鸦鸟会将老师的身体吃去。”

庄子回说：“我的肉若在地上，可以喂鸦与鸢；若在地下，可以

喂蚂蚁与鼹鼠。为何要剥夺这些呢？”然后，他微笑着说：“天地是我的棺木，日月便是挂在我身旁的玉符，众星宿会在我四周闪耀，守灵时众生会为我哀悼。我还需要什么？所有的事情不都已经准备好了吗！”

正视现实，直面人生，庄子的这种“向死而生”的生命解读，其实就包含了知死守生、视死而生、轻死重生的人生态度。

海德格尔辩证分析法认为：只有理解了死，才能理解生；只有看清了人生的有限，才能看清人生自身发展的无限。所谓自身发展的无限就包含在自身存在的有限之中。

“向死而生”不是人生的悲观解语，而是人生的理性把握。通过“倒计时”的方式来审视、定位自己的人生，就可以寻找到积极的人生价值的合理取向；知道了自己的大限，就懂得了珍惜自己的小限。

“向死而生”的思想从哲学理性的高度，用重“死”的方式激活了重“生”的欲望。或许，这种“向死而生”的倒计时方式，也会给我们的生活罩上一层“悲剧”的色彩，但是，它所激发出的对有限生命积极把握的进取精神、对功名利禄淡然处之的达观态度，却能够让有限的人生绽放出生命的异彩！

小测试

有一条没有桥的小河，如果是你，你会把桥修建在哪儿呢？

A. 水流平缓处。

B. 水流较缓处。

C. 水流较急处。

答案：

1. 选A。你对人生有强烈的生存意志。你认为自己想做的事还有很多，但是由于认为自己不会死，做起事来总是太过鲁莽。不过，像你这样生命力旺盛的人，相信连死神也不会轻易靠近。

2. 选B。你对求生的意志力十分充足，对于死亡的观念很淡薄。对于“死”这个字眼的联想，你也只是“鬼”而已。当身旁出现死亡时，你会突然感到恐惧，对人生越发执着。

3. 选C。你偶尔会认真思考死亡，即使想到死亡，也不会联想到自己也会死掉的实质感。一旦听到有关名人突然自杀、战争的死亡、杀人事件等新闻时，就会感到有点好奇。此外，也曾在不自觉中想过自己到底会活到什么时候，你的一切思考都是很正常的。

第六章　结束孤独

找到你人生意义的主题

现代社会，我们都很难设定一个具体明确的主题：当企业高管、开连锁店铺、拿到博士学位、赚够1个亿、做出一个能改变世界的产品……这种目标虽然经常会因为种种外在原因而难以实现，但是一定会找到自己的“人生主题”。

“主题”不是某个清晰的目标，不是收获什么成果，也不是实现什么结果，却可以描述成一个可以持续不断从事的过程，可能很抽象，比如“支持他人”，也可能很具体，比如“写作”，但都有一个特性，就是“没有结束的时刻”，人生主题就是那些“你想做的”。当发现人生主题时，别人看到后也许会不屑，但是你内心会很坚定：这就是我的。

人生，不论多么不幸，聪明的人总会从中获得一点利益；不论多么幸福，愚蠢的人总觉得无限悲哀。要想让自己的人生有意义，就要确定一个主题。那么，如何才能找到人生意义的主题呢？

（1）找一个完全属于自己的空闲时间。把所有通信、上网的玩意儿扔出去，让自己单独在一个空间里。这一小时只属于你和你要找到人生理想这件事。这可能是你人生最重要的一个小时。当这个游戏结束以后，你的生命将发生奇迹般的变化。

（2）准备几张大白纸和一支笔。如果有电脑，可以打开 Word（微软文字处理软件)，新建一个空文档。

(3) 在第一张白纸上的最上方中央或者在空白文档最上方，写下一句话：“我这辈子活着是为了什么?”

(4) 把脑中闪过的第一个想法马上写在第一行。任何想法都可以，而且可以只是几个字。比如，“赚很多钱”“周游世界”。

(5) 不断地重复第4步，直到你哭出来为止。

这确实是个比较有效的方法。在你写的时候，那种激动会在某个描述中出现，此时你可以回顾并圈起来，然后继续写。如此，你会发现，这种描述会一再出现并更加清晰，逐渐达到激动不已，准备好纸巾，你的人生主题可能会就此蹦出来。

小测试

一个人的一生就像一部小说，小说总是有主题的。在主题面前，其他事就会变得比较不重要了。你的人生主题是什么呢?

题目：回家路上，你看到一群大孩子欺负一个小孩，你会(　)。

A. 上前主持公道。

B. 随便呵斥那些大孩子几句。

C. 不予理会。

答案：

1. 选A。你的人生主题是：追求。你天生热烈，对人生目标不断追求。你性格天真，不管是说话，还是做事，都不喜欢拐弯抹角，总是以最直接、最正面的态度表达自己。你喜欢跟别人竞争、喜欢跟别人比较，有比较长远的人生目标，你的一生是不断追求的一生。

2. 选B。你的人生主题是：自我价值的确立。你生性爱美，喜欢各种各样美丽的艺术品和有价值的东西，当然你也喜欢钱财多多。你保守而务实，勤劳诚恳地寻求着外在财富。同时，你精通所有和美丽及艺术有关的事务，喜欢收集和拥有这些东西。

3. 选C。你的人生主题是：传递信息。你灵活多变，拥有聪明的头脑，喜欢聊天，每天都会通过各种各样的渠道吸收丰富多样的资讯；同时，还会和他人在笑语春风中传递各种信息。你轻松幽默的语言、绘声绘色的表达，总能让他人在一片欢声笑语中得到各个领域的信息。

痛苦之身人人有之，只是轻重不同

苦，是我们内心对外在刺激产生的一种感觉。当身体受到损伤，或者心灵受到负面刺激时，就会感受到痛苦的滋味。

心理学认为，痛苦不过是人对所经历的事物与伤痛产生的感受。不同的人对同一件事有不同的内心感受，同样是离婚，有些人会感到异常痛苦，有些人则会认为那是对自我的解脱。所以，感受角度不同，感受结果也不同。

当痛苦之身发作的时候，最重要的就是要有所觉察，借由意识之光，化解黑暗的无意识。

看到徒弟整天抱怨连连，师父感到非常厌烦。

一天早晨，师父派徒弟去取一些盐。当徒弟很不情愿地把盐取回来后，师父让徒弟把盐倒进水杯里，然后喝下去，并问他味道如何。

徒弟不情愿，可是师父之命不可违抗，只好按照师父的命令去做，最后吐出来，说："很咸。"师父微笑着，让徒弟带一些盐，跟他一起去湖边。

来到湖边后，师父让徒弟把盐撒在湖里，然后对徒弟说："现在，你喝点湖水。"

徒弟喝了口湖水。师父问："什么味道？"

徒弟回答说："很清凉。"

师父又问："尝到咸味了吗？"

徒弟说："没有。"

师父坐在徒弟旁边，握着他的手说："人生的痛苦就像是这些盐，有一定数量，既不会多也不会少，我们承受痛苦的容积的大小决定痛苦的程度。所以，当你感到痛苦的时候，就把你承受痛苦的容积放大一些，不是一杯水，而是一个湖。"

痛苦虽然让我们感到难以忍受，但它毕竟是有限的，而我们承受一切的心胸却可以无限扩大，以至包容一切。只要心胸开阔，痛苦自然会变得非常轻微。如果想要体察自己真正的本质，就必须先发掘出自己的内在空间，用觉察呼吸和感知内在身体的方式，去体会那个在静默中才能体悟到的真相：我们是那个不受制约、无形无相、永恒的意识。

人生的目标是什么？了解了自己的灵性，在外在世界的目标和最终目的之间找到平衡。其实，我们的内在目的就是觉醒，让未显化的那个向度的意识经由我们而流入这个显化的物质世界。外在目的总会随着时间而改变，我们所要做的就是把临在的品质带入外在的工作上，如此才能让内在目的与外在目的合二为一。

宇宙的一个恒常现象——外显和回归，这是一收一放的有规律的运动规则，我们的生活也脱离不了。我们要做的就是，在自己的外显和回归的过程中，保持觉醒的作为，将外在目的和内在目的协调一致。如此，在现有的基础上，就会出现一个新世界。

简单，就是人生最大的智慧

每当看到充满童真童趣的孩童，我们的心中总会涌起一丝愉悦。儿童的天真是由他们的年龄特点决定的，如果成年人的思想也能够简单一些，将是一种非常宝贵的品格。

在北京奥运会上，美国游泳名将菲尔普斯连拿八块金牌，出尽了风头。赛后，记者采访了他，他说："我算是个天才吗？我也不知道是不是，我不知道什么叫作天才。我的人生信条就是，充满信心地过简单生活。"

他的生活到底有多简单呢？

菲尔普斯的母亲说，儿子的全部生活只有三件事：吃饭、睡觉、游泳。

教练鲍伯·鲍曼说：菲尔普斯的生活就是，从12岁到现在，每周训练七天，每天游12千米，还要参加各种陆上有氧训练。在北京的奥运村，菲尔普斯每天除了比赛和训练外，基本上就待在房间里看电视、听音乐。

简化了自己的生活，宇宙的法律会更加简便！正是这日复一日、年复一年的简单生活，让菲尔普斯全神贯注、心无旁骛地参加训练，就像一个高速旋转的陀螺；他不受干扰，不被诱惑，盯着一个目标往前冲，让自己有更多的时间和精力来冲击人类极限，创造出了奥运史上的辉煌。

复杂会造成浪费，而效能则来自简单。在纷繁芜杂的工作生活中，夹杂着许多的诱惑和欲望、利益和追逐：有些人拼命追逐的东西却并没有他们想象中所具有的价值，甚至不值得去做；有些人终日被时尚和各种诱惑所围绕，心态浮躁……

当人生的航船丢掉了简单思想的船舵时，即使不会沉没，却也只能在人生的大海上随波漂荡。只有保持思想的独立，不被周围的环境所迷惑，才能在人生历程中获得适合自己的一套独立而简单的处事方法，才能穿越纷繁的世事，拥有开阔的心境。

虽然社会环境会影响一个人的思想与行为，但个人通过观察、深思和修养却可以掌控自己的言行和命运。曹植有诗云：“人生处一世，去若朝露晞。年在桑榆间，影响不能追。”漫漫人生路，很多烦恼忧愁都会接踵而至，只有为人处世简单的人才能轻松面对。

余秋雨曾说：“一个成功的企业，它的经营模式一定是简单的；一个伟大的人物，他的人际关系一定是简单的；一个危机处理专家，他抓住问题的思路一定是简单的；一部划时代的著作，它的核心理念也一定是简单的。”深谙生活本质的人生也一定是简单的。当然，这里所说的“简单”并不是单纯的头脑简单。工作中，提倡创新意识和开拓精神，勤钻研，多学习，因此头脑要用得多一些。

日常生活中，人们追求的价值目标和人生意义是不同的，每个个体都会处在不同的社会环境中。需要处理自己与他人、个人与社会的关系时，就要努力把一些事情看得自然简单些，不要刻意去弄复杂，要顺其自然，如此，自己有限的心灵空间才不会被复杂的思想所占据。

人越是简单，就越容易成功！可是，简单又是最不容易的，这是一种大境界，展现着庄子明智的“无为”和老子的睿智。当今社会，人们之间缺少的就是一种“简单”，很多时候把事情变复杂很简单，把事情变简单却是一件比较复杂的事情。

简单是一种人生韬略，虽然它并不适用于全体大众，只是少部分人所采用的趋避利害、经略人生的方法，却能够给人们带来从容和快乐、希望和收获。可以相信，当具有孩童般纯真思想的人不断增多时，人与人的交往一定会更轻松、更高洁，社会也将更美好！

心安是人生艳阳天

每个人做事的时候，都会有一定的目的，只不过有的明显，有的隐晦一些罢了。比如，有的人之所以会帮助邻居照顾小孩，是为了在自己需要得到帮助的时候对方能够伸出援助之手；有的人之所以会工作努力，是为了让自己活得更好、给家人挣得财富；当自己犯了错误，有的人会主动承担，则是为了让自己感到心安。凡此种种，不一而足。

是啊，心安！因为心安便是人生的艳阳天！我在报纸上曾看到一则报道，大致内容是：

一个男孩在小区骑车时不小心刮到了一辆私家车，男孩急忙打电话给妈妈，妈妈告诉他："犯了错就要勇于承担责任。"

男孩听了妈妈的话，守候在车子旁，等待着汽车主人的出现，妈妈也赶来陪伴男孩。可是，苦苦等候了几个小时，车主依然没有出现。看到天色已晚，男孩只好写了一张纸条，告诉了车主汽车被刮的缘由，表示要赔偿车主的损失，并留下了联系电话。

第二天，车主看到了这张纸条，被这位男孩勇于承担责任的精神所感动，特地致电表示不用赔偿，为此车主和男孩还亲密地合影留念。

这则报道着实让人感动！素未谋面的两个陌生人，一个出于责任，一个出自宽容，彼此真诚以待，为我们定格了人世间最温馨美好的画面，令人为之动容。

在为男孩喝彩的同时，其实更应该为男孩的母亲肃然起敬，因为正是在这位母亲的积极影响下，才让孩子树立了责任感，这种精神早已超越了金钱的诱惑和利益的考验。由此可见，正面教育才能带来正面影响，才能带来正能量。

下面是一个发生在美国的真实故事。

2007年1月的一天傍晚，为了签订一份订购合同，塞纳昂驾驶着一辆福特汽车从波特兰赶往谢里登。一想到这是经过三个多月的艰苦谈判才取得的成果，塞纳昂异常高兴，一路飞奔。可是，停车的时候，借着灯光，塞纳昂发现右前轮上沾有异样的东西。他走近仔细一看，很像血迹。为了慎重起见，他又用手摸了摸并放在鼻子前闻了闻，是一股刺鼻的血腥味。

塞纳昂一下子紧张起来，难道是自己快速赶路撞上了人？他反复回忆，没有车子碰撞碾轧什么物体的印象。塞纳昂不放心，立刻上车，发动引擎，调转车头，沿着来路仔细察看。

这时，等待签约的商业伙伴打来电话，催他快一点。塞纳昂向他解释说自己有急事，希望他能再多等一下。对方生气了，嚷道："见鬼去吧，你这个不守时的家伙！"随即挂了电话。塞纳昂怔了怔，那可是一笔300万美元的合同啊！可是，他还是驱车上路了。

在大雾浓重的夜色中，塞纳昂一边开车一边沿途察看。最后，在高速公路行程一半的路边，他看到一个人躺在那里，赶忙停车下去。

躺在地上昏迷不醒的是一位十三四岁的女孩。她的头部受了伤，流了很多血。塞纳昂没有多想，就把女孩抱上汽车，向市内医院疾驰而去。经过抢救，女孩脱离了生命危险，但还是昏睡不醒。

警方联系上了女孩的父母，悲愤交加的夫妇用力地厮打着塞纳昂。塞纳昂没有做任何的辩解，默默忍受着。家里人都说他太傻，既然没有事实证明他是肇事者，何苦要把责任往自己身上揽？即使确实是他闯的祸，也无人知晓。为什么还要惹麻烦？

塞纳昂没做过多的解释，而是放下手头的业务，每天在医院陪护女孩，并及时支付了医疗费用。女孩昏迷了26天，塞纳昂寸步不离地守护了26天，花费了38000美元的医疗费。

可喜的是，第27天，女孩终于清醒过来，并且向人们说出了事实的真相：事发当天，她到郊外写生，返回途中，为了抄近路，她越过防护栏上了高速公路，结果被一辆迎面驶来的摩托车撞倒。原来，塞纳昂车轮上的血迹是经过女孩身边时轧上去的。

事情真相大白，这件事情迅速传播开来。当地电视台邀请塞纳昂做客时事新闻节目，主持人问他："当时为什么不想逃避责任，是否为平白无故损失了金钱、时间和精力感到后悔?"

塞纳昂说："当时，我只想到，如果我不返回察看，我一辈子都不会安心。而且，从事情一开始，我的做法就让我安心，我怎么会感到后悔?"

安心是一个人做人的出发点，也是归宿！当我们的良心感到不安时，所有高水平的处世做人技巧都会成为一场"作秀"，只有像故事中的塞纳昂一样寻求安心。

身安，不如心安，人生最难得"心安"二字！

心安，就是老实做人，踏实做事。对分内的事尽心尽力，对同事和朋友以诚相待，对父母长辈孝敬尊重，对儿女抚育教养，对任何人都不傲慢歧视。

心安，就是身处纷乱的情境而心不乱，面对贪婪的环境而心不动，面对物累情牵的挂碍而能放得下。

心安，就是以内心宁静为最高智慧和最大幸福，懂得如何关注心灵，懂得在时光荏苒中体认永恒。

心安，就是既不追悔过去，也不奢望未来。明白人生只有现在，时刻能感受到活着的喜悦和幸福。

第三部分　财富的觉醒

生命是永恒不断的创造，因为在它内部蕴含着过盛的精力，它不断流溢，越出了时间和空间的界限；它不停地追求，以形形色色的自我表现形式表现出来。

——泰戈尔

第七章　钱是个什么东西

财富是把“双刃剑”

金钱是什么？

哲人说：“金钱是一个债主，借你一刻钟的欢悦，让你付上一生的不幸。”

老百姓说：“金钱是饭，是衣，是车，是房。”

我认为，金钱是一把“双刃剑”，有好处也有坏处。

生活中，钱确实能给我们带来许多益处，比如，可以用钱买到漂亮的衣服、好吃的东西、必需的生活用品……可以说，钱无时无刻不充斥着我们的生活。

在工作和生活中，每个人都会接触到钱，也离不开钱，如何正确认识钱呢？

小林和小金恋爱了，热恋了六年后，小林要去美国留学，说好了三年之后回来，小金承诺会一直等他。三年很快过去，小林对小金说：“明天上午九点的飞机！”

小金得到消息后，特意早早去了飞机场，怀着喜悦而又焦急的心情等候着小林。可是，让她没有想到的是，小林搂着一个女孩走了出来。

后来，小金才明白，原来那个女孩是一个千金小姐，小林已经变心了。小金忍受不了，当天晚上就跳楼自杀了。

俗话说得好："人为财死，鸟为食亡。"金钱就像一个强大而又令人可怕的魔鬼，一旦控制了人的思维、迷惑了人的心智，会让人变得心胸狭隘，冷漠无情。

金钱不是万能的，它只会让人迷失心智、失去自我。这是一个极具诱惑力的社会，这是一个欲望膨胀的时代，人们的心里总是充满着欲望和奢求，追逐名利，穿高档衣服，吃山珍海味，坐香车宝马。而所有的这一切都需要有足够多的钱来支撑。

如果把追求财富当作生活的全部内容，就再也无法享受到生活的宁静美好了，只会将自己搞得身心疲惫。痴狂地追求财富，必然会为财富所奴役！有一位先生讲述了自己曾经和要强的妻子一起度过的一段悲惨时光。

妻子似乎只有一种想法——赚钱，这种想法占据了她的整个生活，对生活本身丝毫不感兴趣，生活是绝对不能干扰她为赚更多钱而制订的工作计划的。后来，他们的家完全不是一个家了。妻子一回到家里，就为更多的生意进行思考和安排计划，为赚更多钱制订方案。

赚钱已经成了妻子唯一的癖好，她总是显得疲惫不堪，每当晚上回到家时，甚至累得抬不起头来，但即使这样，她仍然不休息，又很快地投入工作中去，思考并计划着更多的生意。于是，她总是使自己处在一种连续的疲劳状态之中。

先生说："妻子总是在午夜以后还坐在那里，端详着她的杯子并且仍然在思考、在作计划。我听见了她那痛苦的咳嗽声，经常会走下楼恳求她为了健康休息一下，更何况我有能力给予她足够宽裕的生活。但她从来都很固执。"

尽管这个女人有丰厚的财产，可是，她的生活是不幸福的。在她的脑海里，无时无刻不在计划着如何赚更多的钱，原有的生活情趣她却一概置之不理。赚钱的目的是更好地享受生活，如果只是一味赚钱而把这些全部忽略了，赚钱又有何意义？

财富不是生命的目的，只是生活的工具！财富是可以追求的，但是不能强求。在对待金钱的时候，要保持一个平和的心态，毕竟金钱不是万能的。人的一生，不能只为金钱而活，不能成为金钱的奴隶，否则岂不是人生的一大悲哀？

当“理想”遇到“现实”

“你的理想是什么？”几乎每个人都听到过这样的问话。可是，在思考理想的同时，金钱却是必不可少的东西，谁又能说我只要理想，不要金钱，那只能是空想；可是，又有谁能够正确地衡量金钱和理想？为了生活，我们不得不拼命挣钱，同时也放弃了自己的理想！

一谈到理想，难免要谈到现实。很多人都说，“理想很丰满，现实很骨感”，我们永远都在讲理想，永远都不能够和理想拥抱在一起。其实，理想永远是从现实中孕育出来的，因为不满，所以有梦想；因为没有，所以才需要；因为很弱小，所以想强大。

1. 理想要用钱来实现

年轻人不止一次地强调他的剧本很好，只要选好演员就行了。可是，问题就出在钱上。接着，便出现了一连串的“质问”，激烈的“争执”。

“你了解中国市场吗？”

“谁愿意为你投资？”

“他们凭什么投这些钱？”

……

年轻人说：“因为我这剧本足够好！”

“可是，认为自己剧本‘足够好’的人，还不是一抓一大把？”

年轻人陈述着自己的观点，他的目光那么纯净，表情那么认真，就像一个据理力争的“可怜”又勇猛的孩子。

钱是个好东西，将钱和理想紧密联系在一起，一点儿都不俗。没钱能活吗？没钱能实现理想吗？没钱还能在这世上干什么？有钱没理想是多么的可悲，有理想没钱是多么的无奈。

理想是重要的，但是金钱也是重要的，因为金钱可以让你实现理想；可是，理想不一定就能实现金钱，带着理想有着金钱的去生活才是幸福的！

2. 把理想和现实结合

两个饥饿的人得到一位善者的恩赐：一个人得到一篓鱼，另一个人得到一根鱼竿。之后他们便分道扬镳了。

得到鱼的那个人在原地搭起了篝火，开始煮鱼，没多久就把鱼吃了个精光。不久，他便饿死在了空空如也的鱼篓旁。另一个人则提着他的鱼竿继续忍饥挨饿，一步步地朝着海边走去，可当他看到不远处那片蔚蓝色的海洋时，已经使完了最后一点力气，只能带着无尽的遗憾撒手人寰。

之后，又有两个饥饿的人，同样获得了善者的赐予：一根鱼竿和一篓鱼。与前面的两位不同的是，他们并没有各分东西，而是一起结伴朝着大海走去。他俩每次只煮一条鱼，经过长途的跋涉，终于来到了海边。从此，两人开始了捕鱼为生的日子。几年后，他们各自盖起了房子，有了自己的渔船，并且娶了老婆，过上了幸福的生活。

一个人只顾眼前的利益，得到的终将是短暂的欢愉；虽然要有一个理想，但也要面对现实。只有把理想和现实有机结合起来，才有可能成为一个成功的人。有时候，一个简单的道理，却足以给人意味深长的生命启示！

第八章　对错，皆因一念间

财富是如何分配的

理财是一门学问，每个人对财产的不同处理会影响到自己的生活质量，因此在现实生活中要学会理财。下面的这个小故事可以让我们更好地认识与了解理财。

甲、乙两个和尚分别住在相邻的两座山上的庙里，两座山之间有一条小溪，两个和尚每天都会在同一时间下山去溪边挑水，一来二去便成了好朋友。就这样，在每天的挑水中，不知不觉五年过去了。

一天，和尚甲没有下山挑水，和尚乙想："他大概睡过头了。"便不以为意。可是，第二天和尚甲依然没有下山挑水，第三天也一样。过了一个星期还是如此！

一个月过后，和尚乙终于受不了，他想："我的朋友可能生病了，我要过去拜访他，看看能帮上什么忙。"于是，他便爬上左边这座山。等他到了左边这座山的庙，看到和尚甲后大吃一惊，因为他正在庙前打太极拳，一点儿也不像一个月没喝水的人。

和尚甲感到很好奇，便问："你已经一个月没有下山挑水了，难道你可以不喝水吗？"和尚乙说："来来来，我带你去看。"之后，和尚甲便把和尚乙带到了后院，和尚乙指着一口井说："五年来，我每天做完功课后都会抽空挖这口井，即使很忙，也是能挖多少就算多少。如今终于挖出了井水，我就不用再下山挑水了，可以有更多时间练自己喜欢的太极拳。”

这个故事告诉我们，要学会正确的理财而不要永远只做挑水工作。人生是可以设计的，生涯是可以规划的，幸福是可以准备的。在你穷的时候，要少待在家里，多到外面去；在你富有的时候，要多待在家里，少到外面去。这就是生活的艺术。

一旦生活需要的钱已经够了，就可以放开自己的翅膀大胆地做梦，让生命经历不一样的旅程。即使你的月收入只有 2000 元，也可以过得很好。我们完全可以把钱分成五份：第一份 600 元，第二份 400 元，第三份 300 元，第四份 200 元，第五份 500 元。

第一份，用来做生活费。这么少的生活费，每天只能够分到十几元。早餐：一份煮米丝，一个鸡蛋，一杯豆浆；中餐：一份快餐，一个水果；晚餐：自己开个小灶，煮点饭，加俩菜，睡前一杯奶。这样，一个月的伙食大概是 500 ~ 600 元。如果你还年轻，身体暂时还没有太多问题，这样的食谱，数年内你都不会出现健康问题。

第二份，用来交朋友，扩大你的人际圈。你的电话费可以用掉 100 元。每个月可以请客两次，每次 150 元。请谁呢？要请比自己有思想的人，比你更有钱的人，你需要感激的人。

每个月坚持请客，一年下来，你的朋友圈就可以产生价值了，你的声望、影响力、附加价值也会不断提升。

第三份，用来学习。每个月可以用 100 元来买书。每一本书，看完后就把它变成自己的语言讲给别人听，如此，不仅可以提高你的信誉度，还能提升亲和力。另外 200 元存起来，每年参加一次培训，从不间断。参加好的培训，既可以免费结交志同道合的朋友，又可以学习平时难以领悟的道理。

第四份，用于旅游。一年奖励自己至少旅游一次。可以参加那种自由行的旅游，每年都出门，几年下来就可以把红旗插到地图上，留下许多美好的回忆，成为生命的动力。

第五份，用来投资。先存起来，然后可以投资到股市里，也可以用来做进货的本钱，既赚了金钱，又赚了自信和胆量，还赚了做事情的阅历。赚的钱多了，就可以制订一份长期的投资计划，使自己提早获得一份长久的保障，保证自己和家人在将来过上美满的生活。

无论你的收入是多少，记得分成五份：增加对身体的投资，让身体始终好用；增加对社交的投资，扩大你的人脉；增加对学习的投资，加强你的自信；增加对旅游的投资，扩大你的见闻；增加对未来的投资，增加你的收益。保持这种平衡，你逐渐就会有大量的盈余。

这是一个良性循环的人生计划，如此你的身体才会越来越好，朋友也会越来越多。而你也就能逐渐实现自己的各种梦想，购买自己所需要的房子、车子！

中道的财富观

佛教财富观是中道的财富观，生活中每个人都在以自己的方式创造并享用着财富。尤其是在今天，个人生活的改善、自我价值的体现、社会效益的达成，都是以财富的增长作为衡量标准的。

俗话说得好：“人为财死，鸟为食亡。”如果不能正确认识财富的作用和隐患，就会被它所伤害。那么，佛教是怎样看待财富的呢？

1. 毒蛇

在佛经里，记载着这样一个故事：

一天，佛陀率弟子阿难外出乞食，看见路边有一坛黄金。佛陀立刻对阿难说："看，毒蛇！"阿难也应声回答："果然是毒蛇。"

这时候，师徒俩的对话正好被附近的一对农民父子听到，他们俩便怀着好奇心前来观看。看完之后，欣喜若狂，急忙将黄金带回了家。

农民父子以为这从天而降的幸运会改变自己的贫困生活，可是改变确实发生了，但完全不是他们希冀的那样。当父子俩带着金子去市场兑换时，却被人告到了官府。原来，他们捡到的金子是窃贼从宫中盗出，在逃跑时丢在路旁的。人赃俱获，他俩有口难辩。

乐极生悲的父子在临刑时，才领悟到"毒蛇"的真正含义。

物必自腐，而后虫生。种种教训足以使我们警醒到：金钱虽然诱人，但也有着致命的杀伤力。之所以说是致命的，一是人类的贪欲使然，二是没有认识到财富背后隐藏的陷阱。

如果拥有财富而没有健全的心智，没有处之泰然的超脱，就很可能在金钱的蛊惑下失去理智。如果说贪、嗔、痴三毒是潜伏在我们生命中的危机，那么使用不当的财富更容易成为引发它们的导火索。

2. 净财

佛经中，把财富当作净财。所谓净财就是，清净的财富。净财不但是维持生计的必要条件，同时还能造福社会和人类。那么，什么样的财富属于净财呢？

（1）来源是正当的。俗话说得好，"君子爱财，取之有道"。所谓"道"就是，正当的谋生之道。只有通过勤劳、智慧获得的财富，才能心安理得地享用，不必有任何后顾之忧。

（2）懂得合理使用。佛陀一再告诫我们，要奉行简朴的生活原则，因为欲望一旦鼓动起来，往往就难以控制；奢侈的生活习惯一旦养成，往往就难以放弃。和地球的资源一样，人的福报也是有限的，过分放纵自己的欲望，不仅会伤害我们的身心，更会将幸福提前支取。

（3）对财富不能有贪恋之心。无论贪恋什么，都会成为伤害自己的利刃。所谓“酒不醉人人自醉，色不迷人人自迷”，如果贪恋财富，没钱时就会因贫困而烦恼；有钱时，又会因为担心财富失去而烦恼。所以，要认清财富的实质，了知财富的无常不定，不要把它看成是永恒的；财富在人生中具有局限性，不要把它看成是唯一的。当我们能够真正将财富视为身外之物时，就不会被它所伤了。

“水能载舟，亦能覆舟”，财富同样如此！财富本身无所谓善恶，而是取决于它的实际用途。为富不仁者以它来作恶，慈悲众生者以它来行善，因此完全没有必要“视金钱如粪土”。只要是通过正当渠道获得的财富，又能合理地分配使用，以此造福社会，并且没有贪恋之心，那我们就是财富的主人，我们所拥有的财富就不是毒蛇！

第九章　人生重在生活

放下所有外在的支持

我为什么会在这里？我将去往何处？……这些问题应该问而不答，它们像火焰一般，让自己的存在变成一团熊熊烈火，我们只是深切地想知道真相是什么而不追随任何既定的概念。其实，我们根本不需要借由完成重要的事来证明自己的价值，因为自己就是最重要的！

快乐不必外求，自己就是最珍贵的宝物。你对未来的期望就是导致你无法安住于当下的一种阻碍，可是这一切永远也无法到达那里。你所拥有的只有此刻，眼前的这个当下，其他没有任何一件事是真实存在的，要让自己只是单纯地存在着。

为什么会认为你的所作所为便是一切，而你所得到或不能得到的东西都比当下的存在更重要？如果确实喜爱自己，就会以欢喜自在的心情去做你必须做的事，而不是因为自己想达成某个目标。

舍得，舍得，有舍才有得。真正的圆满意味着自己已经明白了自己一向是完整无缺的，你的完整跟好坏、苦乐、得失都无关。一旦认清了这一点，你就不再等待了。

很多时候，只有在具备长远目标和希望的情况下，才会感受到生命的意义。当自我了悟时，未来的目标就会变成当下的存在；如果你明白了却依然依赖周遭环境或某个人的支持，这些条件一旦改变，你所处的状态就会跟着改变，这时候，就要发展出自己内在的支撑力，不能再依赖外面的支持。

隔阂造成的两难之局本是源自于一种信念，而这种信念又会制造出各式各样的痛苦，比如攫取、比较和竞争，因为你总以为自己是个孤立的个体。你的身体并不是自己的止境，每个人都是爱的本身，甜美而柔软的爱能够融解掉所有的疆界，渗入一切的存在之中。

让自己处在安详的状态里

活着是一件比较麻烦的事，焦灼、急躁、愤愤不平的时候多，而安宁、平静、沉着稳定的时候少。如果在生活中用无休止的抱怨、辩论、大喊大叫去求得理解，只会把他人吓跑。这样的大吵大闹只会暴露出自己其实没有多少底气，气急败坏更会让你显得可笑。

有些人总是企图在语言上占上风，其实，语言是解不开的，事实却可以解开，如此语言就会失去价值，甚至只能添乱，只有用事实说话的人才能得到安详。

有些人喜完了，怒完了，哀完了，乐完了，却无法及时回到安详的状态中。如果动不动就闹腾，动不动就找一个人论述自己的正确，要求自己的配偶、孩子、下属无休止地论证自己是多么多么好，真的是需要去看看心理医生了。

形容一个人的气急败坏的时候，有一句俗语“急得抓蝎子”。如果你是正确的，还着急什么？越急躁，越没有用，动不动就抓蝎子，以为这样可以吓唬人，其实却是可叹可悲！这样的人，不仅会给别人带来痛苦，自己也不会快乐。

晨练时，为了拥有一块宽阔之地，经常会发生一些地盘争夺战。这种战斗通常都是先各自讲理由，之后会发展为人身攻击，比如，“你这人真自私”“霸道的人”，然后，便会翻出几十年的陈芝麻烂谷子，最后找人评理……这样就不安详了。

只有内心平静，外在才不会有风波！为了让自己获得片刻的安详，完全可以利用早上的时间去公园晨练，多看看大自然的美景，如此，心情就会惬意很多。当与别人发生纠纷时，要多想想自己的不足之处，不要老认为别人对不起自己、自己做什么都对，不要像钻头一样打通一个眼，就以为打通了全世界。

我们都是普通人，吃喝拉撒睡都与常人无异。你还得幽默点，允许别人跟你开玩笑，要懂得自我解嘲。小事情上傻点，该健忘就健忘，该粗心就粗心，该弄不清就弄不清。如果只会记不会忘，只会计算不会估算，只会精明强干不会丢三落四，你就真的有问题了。平时，跳跳舞，看看美文，多参加一些社会有益的事，何乐而不为？

只有在安详的实践中，才会体会到安详带给我们的幸福快乐。如果只知道到快乐老家去吃饭，却不懂得如何快乐，如何走进安详？怎么办？这里就送给大家五把钥匙：给、守、勤、静、信。

给——如果想要走进安详，首先就要和天地精神的“给”相应。

守——要让心归到本位，就要回到现场，守住自己。

勤——意味着行动力，不断地行动。

静——能孕育生命，是生命力，是现代人回家的一种方式。

信——能让人心存天意，让心灵得到大安定。

幸福是随时随地都可以寻得到的，幸福之源存储在我们内心深处的安详。它让我们明白，快乐不在别处，快乐就在我们身上，快乐就是我们自己。一切取决于自己的心态，要想获取安详，就要注重心态的把握和心灵的感受，就要懂得修身养性。心情好，就会觉得天也蓝，地也宽；心情坏，就会觉得到处都是灰蒙蒙的一片。心态好的人少忧伤、少悲愁、少烦恼、少惊惧、少慌忙，自然就会幸福。

人生最大的快乐来自安详！如果我们既不愉快，也不安详，就不能与其他人分享安详和愉快，即使是那些我们热爱的人，乃至家人。如果我们既安详又愉快，生命就能像花一样绽放，家里、社会上的每个人都将得到我们的安详的濡润。

安详是真理，是保持合理的欲望，不放任自己。当你悟到安详的时候，你就会活得洒脱，活得自在，生命也会充满活力。

第四部分　成长的觉醒

一碗酸辣汤，耳闻口讲的，总不如亲口呷一口明白的。

——鲁　迅

第十章　成长的代价

人为什么会恐惧

人为什么会感到恐惧？要想回答这个问题，先来看看这个小故事。

一天，一个小和尚问老和尚："师父，一个人最害怕的是什么？"

"你觉得呢？"老和尚笑了笑，看看徒弟。

"是孤独吗？"

老和尚摇了摇头，说："不对。"

"那是误解？"

"也不对。"

"绝望？"

"不对。"

小和尚一口气说出了十几个答案，可老和尚都说不对。

"那，师父，您说是什么呢？"小和尚没办法，只好投降。

"就是你自己呀！"

"我自己？"小和尚抬起头，睁大眼睛，好像明白了，又好像没明白，直直地盯着师父，渴求点化。

"是呀！"老和尚笑了笑，"其实你刚刚说的孤独、误解、绝望等，都是自己内心世界的影子，都是自己给自己的感觉罢了。你对自己说：‘这些真可怕，我承受不住。’那你就真的会害怕。同样，假如你告诉自己：‘没什么好怕的，只要我积极面对，就能战胜一切。’就没什么能难得倒你。何必苦苦执着于那些虚幻？一个人若连自己都不怕，还会怕什么呢？所以，使你害怕的并不是那些想法，而是你自己！”

小和尚恍然大悟。

恐惧是大脑中的一种连锁反应，它由产生压力的刺激开始，到身体释放出多种化学物质结束。这些化学物质，会让我们呼吸急促、心跳加速、肌肉紧张，还有其他一些所谓“迎战还是逃避”的反应。刺激物既可以是一只从屋顶滑下的蜘蛛，也可以是一把架在你脖子上的短刀，更可能是一个坐满了听众的听众席，或是突然撞门的“砰”的一声巨响。

大脑是一个极其复杂的器官，1000多亿个神经细胞共同构成了一个错综复杂的“通信网络”，这就是我们感觉、思考和做事情的起点。这些“通信”中的一部分会让我们有意识地思维和行动，其余部分的“通信”则会产生自动反应。恐惧反应几乎都是自动的：我们不能有意识地引发恐惧，即使在事发之前并不知道自己会多么恐惧。

大脑中的细胞不断地传输信息，引起反应，大脑中有几十个区域会和恐惧产生某种联系。相关研究发现，大脑某些部位在产生恐惧的过程中扮演着核心角色。

无论男女，无论贫富，无论老幼，每个人心中都会有“怕”的情结。“百度知道”曾经公布过一份“中国人怕什么”榜单，列举分析了男女“十大最怕”，以及身体之怕、感情之怕、职场之怕等各种恐惧。在十大最怕排行中，男人最害怕没钱，女人最害怕变老。在感情之怕方面，害怕单身的男性超过女性8个百分点。

统计显示，男女性别不同，所考虑和担忧的重点也有所不同：

在男女十大最怕排行中，有近290万的问答显示，男人最害怕没钱；超过270万的问答显示，女人最害怕变老。但换到对方眼中，这两个最怕完全不成问题，十项最怕中，男人压根儿没想到年龄和外貌，女人也不把自己的经济状况当回事。

事业受挫也是男人的忧虑点，他们怕输、怕站错队和被比较；女人则普遍担忧感情问题，她们怕男人脚踏两只船，怕没安全感。

在身体方面，男人最害怕秃头、啤酒肚和“不行”；女人则最怕脸上起皱纹、胸部下垂和腰变粗。从这一点来说，男女都怕老，不过女性样本量远远高于男性样本量，显然还是女人更害怕变老。

……

恐惧产生的整个过程是以令人害怕的刺激物开始的，用以作出“迎战还是逃避”的反应结束。可是，产生恐惧的整个过程都发生在大脑里，是一种完全无意识的状态。

如果你家的前门突然打开，碰到门框上，可能是风引起的，也可能是夜盗试图闯入你家。如果本能地假定有夜盗试图进入你家，结果证明是风把门刮开的，这样的假定要比你假定夜盗进入你家让你更加安全。因为，首先假定可能有坏人要闯入你家，你就会在第一时间作出应付坏人的准备；如果你认为是风把门刮开的，结果进来的是坏人，那就失去了准备应战的最佳机会。

恐惧是动物的一种本能，如果不会恐惧，我们就不可能活这么长久，离开了恐惧感，你就会走上汽车飞速行驶的公路，就会从屋顶上跳下来，就会不管不顾地去触摸毒蛇，也会与患肺结核的病人亲密接触……而所有的这些，都会对你的安全构成影响。

无论是人还是动物，恐惧都是提升生存的一种本能。在人类进化的过程中，人们恐惧某种东西，就会把这种基因遗传给下一代……周而复始，一代一代传下去，恐惧的特点以及对恐惧的反应就会被选择下来，这样对于种族的生存和发展是非常有利的。

如今，虽然大部分人都不用在野外为生存而进行战斗或者奔跑了，但这种恐惧的本能依然是一种不过时的东西，只不过如今的我们是拿着钱夹走在城市的街道上而已。

在深夜，我们通常都不会选择一条偏僻的小巷作为捷径，因为有一种促进生存的理性恐惧在起作用，只是促成恐惧的因素发生了变化。其实，我们现在所面临的危险与几百年前面临的危险一样多，恐惧本能也像过去一样保护着我们！

什么是好，什么是坏

什么是好？什么是坏？事情无所谓好与坏，就看你如何对待。

有人说：只有不快的斧，没有劈不开的柴；只有想不到的人，没有做不到的事！想干总会有办法，不想干总会有理由。有人说，贫穷是脑袋的贫穷，但是学富五车的穷光蛋也有很多；相反，没知识的文盲，富有的也不少。

世界上的事情没有绝对，过分强调任何一个方面，都容易走极端。一旦从思想和行为上步入歧途，认为按方抓药就可以解决问题，事情就会向着反方向发展！

有个小女孩很喜欢养小金鱼，妈妈给她买了之后，她每天都会准时给它们喂食。可是有一天早上，小女孩却蹲在鱼缸边伤心地哭了，因为她养的小金鱼全都死了。

妈妈走过去一看，发现小金鱼的肚子全都鼓鼓的，一下子就清楚是怎么回事了。于是，妈妈告诉女儿："以后给小金鱼喂食的时候，一勺就够了，给多了，小金鱼就会不停地吃下去，直到胀破肚皮死掉，明白吗？"

小女孩听了妈妈的话，大吃一惊，眨着大眼睛点了点头，表示以后再也不会那样做了。

从以上的事例可以看出，与其说是小女孩喂食喂多了，还不如说是小金鱼不懂得控制自己的食欲，吃到最后竟把自己给撑死了。由此可知，在做任何一件事情的时候，一定要注意分寸、掌握火候，否则将会收不到预期的效果，有时甚至会适得其反。

在这个世上，什么是善，什么是恶？什么是我喜欢的，什么是我讨厌的？什么是人们想要的，什么是他们不想要的？……其实，生活就是生活，根本没有必要给生活贴上"好"或者"坏"的标签。

很多人之所以会感到压力大，感到焦虑，其中一个重要的原因就是，试图把"好"或者"坏"与自己生活中遇到的挑战联系起来。我们相信，事情应当以一个特定的方式发展，感觉生活中的事情通常应该都是"好的"，可是当它不是时，就真正地受伤了。这样，就会感到沮丧、愤怒，就会停止前进的步伐，就会停止体验生命航程中生活所赋予的一系列选择。

不愿意接受生活流动的本质，是众多麻痹行为之所在。为了面对生活中的不确定性和生活充满起起落落的本性，就要承认生活，就要拥抱我们不期而遇的纷杂。

生活自有其方式：难以预料，一帆风顺，困难重重，丑陋无比，灿烂辉煌……所有的这些构成了一段匪夷所思的短暂经历。事情的好与坏真的不重要，重要的是——应该停止担忧，勇往直前！

理想很丰满，现实很骨感

有人说，理想是美好的，现实是丑恶的，我追求美好的理想，鄙视丑恶的现实！

有人说，现实是实在的，理想是空洞的，我注重现实，而轻视理想。

其实，这两种看法都是错的。要实现人生理想，就要正确认识和处理理想和现实的关系。

1. 理想与现实的区别

理想与现实的区别就在于：理想是一种思想观念，而现实却是一种客观实在。

现实是人们面临的客观实际。在现实之中，既有假、恶、丑，也有真、善、美。现实比理想实在，但是它有待于进一步发展。

理想是一种思想观念，是对现实的超前反映，是真、善、美的反映，是通过人们的努力而实现的一种未来的现实。

我们应当立足现实，面向未来，不要被现实中的假、恶、丑所迷惑，坚持不懈地追求理想实现；应当不懈地努力，奋力拼搏，改变现实，实现自己的理想。

2. 理想与现实的联系

理想与现实有着重大的区别，又有着密切的联系。

首先，理想是现实的反映，理想来源于现实。

理想虽然是现实的超前反映，并且高于现实。但是，理想不能离开现实，必须以现实为基础。理想是对现实的反映，离开了现实，就不能产生理想，离开现实的想象必然是空想。

其次，理想的实现必须从现实开始。

只有按照理想的设计认真地改造现实，才能实现理想。离开了现实，就不可能实现理想。因此，必须从脚下开始，从小事做起，扎扎实实走好现实通往理想的道路。

有一位哲人说过：“梦里走了许多路，醒来还是在床上。”这句话形象地告诉我们：人不能躺在梦幻式的理想中生活，不仅要有理想，还要大胆幻想，但更要努力去做；在理想中躺着等待新的开始，不仅遥遥无期，甚至连已经拥有的也会失去。

如果总是以一种优雅的姿态生活着，以为追求高雅便是高端人士，当你不再生活在幻想之中时，就会无法生活。理想很丰满，现实很骨感！总是信誓旦旦地说要如何如何，到最后却依然一事无成，即使如此，还要为自己找借口说“这是因为……”你并不是无法从一直以为的生活中走出来，只是不愿去认清这个东西，不愿去换一种方式生活。在梦想的边缘徘徊，就要立足于现实。只有认清现实的生活才是生活，没有一个人的生活是永远十全十美的！

第十一章　让知识成为力量

知识是力量吗

知识就是力量！这是培根曾经说过的一句至理名言，曾经激励了无数个像我这样为知识痴狂的凡夫俗子。可是，在如今的现实生活中，我们经常会发现，很多所谓的知识集聚人群却往往不是人生赛场、社会赛场的主力，而且还浸染着些许无奈甚至怨天尤人的郁闷。

没错，知识可以使我们拥有腹有诗书气自华的气质，可以丰富我们的生活，可以使我们有高尚的道德情操，可以帮助我们走上成功之路……这些都是知识就是力量的有力证明。但是，随着社会的发展，随着人们知识水平的不断提高，犯错误的人群却在增加，自杀人群也在逐渐增多，而且大多数都是有学历、有知识的人。每每看到这些，很多人就会产生质疑，难道知识真的是力量吗？

有这样一个真实的案例：

1972 年 10 月 22 日，在偏僻的海安县南莫镇邓庄村普通的农民家中，王庆根出生了。父亲只有小学文化，母亲是文盲。

上小学之后，王庆根每学期都会得到一张“三好学生”奖状。初中毕业升学考试，王庆根名列全区五乡榜首，顺利进入海安中学；之后，顺利考入大学。进入大学后，王庆根的逸事口口相传，比如，在南大考托福，提前交卷，急着赶回学校参加物理期末考试，结果托福、物理双满分。

在海安中学校史馆里，一直醒目地挂着当时江泽民主席、李鹏总理接见王庆根的照片。虽然王庆根已经从海安毕业，但他的影子无处不在。在海安中学，曾经有一个奥楼，就是因他而建。在王庆根的家乡至今还有一块碑：奥林匹克金牌故乡欢迎您。

可是，2012 年 4 月 6 日，斯坦福大学博士毕业的高才生王庆根被发现在美自杀身亡。两周以后，他的死讯在国内 BBS（电子公告牌系统）上出现。开始的时候，很多人都觉得这是谣言，甚至有人请王庆根的家乡海安官方出来辟谣。可很快，传言被证实。

王庆根的自杀，在网上引发了无数海中人的扼腕叹息。

王庆根的悲剧，值得我们每个人深思。当所有人在关心你飞得高不高时，只有少数人在关心你飞得累不累。王庆根的一生不可能轻松，他的背后不只是含辛茹苦数十年的父母亲人，更肩负着为家乡争光的重任，肩负着太多的责任和期望。如果不是那些光环，他这一生或许可以活得轻松些。归根结底，他只是一个追求幸福的普通人。

王根生，不知道是福于知识，还是悲于知识！

无独有偶！

魏永康，1983 年 6 月生于湖南岳阳华容县，母亲曾在县百货公司工作，父亲是一个伤残军人。

魏永康从小就表现出了超常的智力：2 岁能认识 2000 多个汉字；3 岁会做三年级的数学题；不到 4 岁就学会了写日记："妈妈已下班，眼睛到处望。见我在看书，不住地夸奖。"

1996 年，13 岁的魏永康以 592 分的成绩考取湘潭大学；2000 年，

17 岁的魏永康进入中科院高能物理研究所，硕博连读。

就在人们期望这个天才有更大作为时，3 年后的 2003 年 8 月，魏永康却拖着行李箱，神情黯然地回到了岳阳老家——他是被中科院劝退的，理由是“生活完全不能自理”：2002 年 5 月，魏永康因不记得计算机语言考试的时间，缺考；一年后，他再次错过了提交硕士毕业论文的时间……

更糟糕的是，导师和同学们发现，除了读书，这个天才少年竟然完全不能料理自己的生活：他从来不洗澡，从不打扫房间；“非典”期间，大家都去医生那里领预防药，只有他不去……

这些孩子们光读书好，却不爱劳动；只顾着学知识，却忘了学习生活中应有的技能。“高分低能”很好地体现了“光学习好是不行的”这一观点。

现在，高分低能的学生更是数不胜数：有的大学生不会剥煮鸡蛋吃，有的在住校期间不会洗衣服，有的整天捧着书而失去了生活情趣……在他们的脸上不再洋溢着笑容，取而代之的是“有知识的我为何什么都不会”的愁苦，这些难道是知识带来的力量吗？这些孩子虽然也学习了知识，但却成了知识的奴隶、学习的机器。

真正地学好知识，不是记住知识，而是掌握知识，在该用的时候用到知识、发挥知识，从而升华到创造新知识，把知识变为智慧。当我们快乐地学习知识时，学习就不会是呆板郁闷的，而是越学越灵活，这才是真正的知识！这样，身心健康的你才会说：知识就是力量！

知识不是力量，只有拥有了驾驭知识的能力，知识才能成为力量！脱离了智慧的知识聚集者只是书呆子一个，只能在高谈阔论中聊作门面装饰罢了，充其量也是个纸上谈兵的赵括；只有拥有基于智慧的知识，才能成为真正的人群主导、历史强者！

领悟知识背后的智慧

很多人经常会把知识和智慧混为一谈，其实这完全是两回事！

知识是对客观事物的描述，而智慧是一种处理问题的方法和手段。知识和智慧的关系主要体现在：前者在一定的条件下可以转化为后者，后者也可以写出来或道出来变成前者供人分享，或是供自己备忘。可是，二者的关系并不成比例，学完之后，积极领悟背后的智慧才是重中之重。

在很久以前，为了学到更多知识，一位男子不远千里四处访师求学。可是，让他感到苦恼的是：学到的知识越多，越觉得自己无知和浅薄。

有一次，男子遇到一位高僧，便向高僧倾诉了自己的苦恼，并请求高僧指点自己从苦恼中解脱出来。

高僧听完了后，静静地想了一会儿，然后慢慢地问："你求学的目的，是求知识，还是求智慧？"

男子听后大为惊诧，不解地问："求知识和求智慧有什么不同吗？"

高僧听了，笑道："两者当然有所不同了，'求知识'是'求诸于外'，你对外在世界了解得越广，了解得越深，你所遇到的问题也就越多、越难，这样你就会感到学到的越多就越'无知和浅薄'。而'求智慧'则不然！'求智慧'是'求诸于内'，你对自己的内在世界了解得越多、越深，心智就越'圆融无缺'，就会感到一股来自内在的'智性'，也就不会有这么多的烦恼了。"

男子听后还是不明白，继续问道："大师的话我还是不明白，请您讲得更简单一点好吗?”

高僧打了一个比喻:“有两个人要上山去打柴,一个早早地就出发了,来到山上后却发现自己忘记磨砍柴刀,只好钝刀劈柴。另一个人则没有急于上山,而是先在家磨快刀后才上山,你说这两个人谁打得柴更多呢?”

男子听后恍然大悟,对高僧说:“大师的意思是,我就是那个只顾砍柴忘记磨刀的人吧!”

高僧笑而不答。

知识的表面含义和真正含义是不同的,如果在学习知识的过程中没有用正确的方法消化所学知识,执着于表面含义,是增长不了智慧的,最终只会成为一个有知识无智慧的“书呆子”。知识学了,不等于学会了,不等于会运用,不等于真正明了知识的真正含义。只有善思维、会思考,才能创造知识。

慧能小时候家里很穷,靠上山打柴养活老母亲。虽然没钱上学,从小不识字,但慧能却能“闻经解义”。

有一次,路过一个尼姑庵,听老尼在诵经,慧能便明白了经文的深意,并为老尼讲解。当老尼拿着经书征询书中文字读音时,慧能实言相告:“我不认识字。”

老尼感到很疑惑:“不识字,怎么能够理解经意呢?”

慧能郑重地道出了一句堪为千古经典之语:“佛法(大智慧)与文字无关。”换句话说,智慧与语言、文字没有直接关系。

文字和语言都是知识的表象,知识是思想的表象,思想经常会受到语言、文字的限制和束缚。人的声音如果不加任何主观个性化的修饰、虚伪的装饰,就是“真声”,即每个人本来、本性本自具足的声音,即“真正的心声”，具有无量大功能。

在思维辩证过程中，运用知识是能力问题，而能觉悟思维之主体、本来面目，融通世间一切方法，才可称之为“智慧”；否则，充其量也只是一点聪明而已，最终也会聪明反被聪明误！

第十二章　要有长远愿景

人什么可以不改

人什么可以不改？愿景！

唐朝贞观年间，在长安城西的一座磨坊里，有一匹马和一头驴。它们是好朋友，每天，马都在外面拉货，驴都在家中拉磨。

贞观三年（629年），马被玄奘大师选中，前往西域取经。17年后，马驮着佛经回到长安，它重回到磨坊会见驴朋友。

马向驴谈起了这次旅途的经历：浩瀚无边的沙漠，高入云霄的山岭，凌峰的冰雪，热海的波澜……驴惊叹道："你的见闻真丰富！那么遥远的道路，我连想都不敢想。"

马说："其实，我们跨过的距离大体是相等的。当我向西域前进的时候，你一步也没停止。不同的是，我同玄奘大师有一个遥远的目标，按照始终如一的方向前进，所以我们打开了一个广阔的世界。"

马和驴之间的差别就在于有无遥远而明确的目标。有遥远目标的，就会终生奋斗，跋涉不止，千难万险，踩于脚下；无遥远目标的，则会碌碌无为，仅仅为"一捧草料"而终日转着圈子。我们的人生莫不如此！

只有怀有远大志向，不懈努力，永不言弃，才可终成大业，成就辉煌。胸无大志、得过且过者，虽然也是有草有料、衣食无忧，可是即使终日忙忙碌碌、劳累不堪，事业也会在原地打转，只能做一只“骈死于槽枥之间”的转磨驴。

愿景是人在脑海中所持有的意象或景象，是一个人发自内心的、一生最渴望达成的事情；它是一个特定的结果，一种期望的未来或意象。当你为一个自己认为至高无上的目标献上无限心力的时候，它就会发出一种自然的、发自内心的强大力量。

愿景有多个方面：有物质上的欲望，有个人的健康、自由方面的愿望，有对社会方面的贡献，有对某领域知识的贡献……所有的这些都是人们心中真正愿望的一部分。

每个人都有自己的愿景，但在很多情况下，人们对自己的愿景往往是模糊的，或者是误解的，于是行动往往是盲目的。因此，对于每个人来说，关键不是如何建立个人愿景，而是如何理清个人愿景。

1. 想象实现愿景后的情景

假如你得到了内心渴望获得的成果，你会怎么做？这到底是什么样的情景，你怎样来形容它？你的感觉如何？这种感觉是不是你真正想要的？

2. 形容个人愿景

如果你即将达成一生最渴望达成的愿景，这个愿景会是什么样子？回顾一下，孩童时代、高中毕业时、大学毕业时的个人愿景，哪些愿景实现了，哪些愿景没有实现，原因是什么？

3. 检验并弄清愿景

如果现在就可以实现愿景，你会接受它吗？假如现在你已经实现了愿景，愿景会为你带来什么？接受了它，你的感受又怎样？

别说什么命中注定

命运是个玄之又玄的东西，有人笃信不疑，有人嗤之以鼻。成功的人会说“命运把握在自己手中”，遭遇坎坷的人往往更能体会命运的力量。于是，有人信命，有人不信命而信自己，有人认命，有人却不认命，世人各有主张，可是随着年龄和境遇的变化，对“命运”二字的认识也会逐渐变化。

那么，究竟该如何看待命运呢，我的观点是“要信命但不要认命”！

一直以来，我们的老祖先都在探求人与自然之间的关系，不管是风水，还是生辰八字，抑或是面相、紫薇等方法，都是为了研究和推算人的发展轨迹。经过几千年的文化沉淀，人们总结出一套相对完善的命理学的预测方法——“术数”，于是很多人都会用这些方法来测算自己的发展轨迹，也就是“命运”。

命运是不是固定的呢？在人生的旅途中，如果没有任何干扰，完全顺其自然，一生的贫富贵贱、坎坷顺达就会完全依据命运的轨迹而行。

孔子曾经说过“不知命，无以为君子也”。我们应该了解自己的命运发展轨迹，只有真正地相信了，才能了解和把握自己的命运，知道何时波折、何时坎坷、何时顺达，何时应加速前进、何时应减速慢行、何时应韬光养晦、何时应全力以赴，这就是我们说的顺势而为。

了解了命运的发展轨迹之后就会发现，人的一生总会有起起伏伏，也难免会有灾祸、坎坷，我们该怎么办？当命运发展到一定阶段的时候，可以有意识地让其改变吗？会有效果吗？可能会有！

举两个简单的例子。

其一：

有些人喜欢算命，有些江湖中人会告诉他：你在什么时候会离婚，或者你命中有几次婚姻等。这时候，有的人就会认命，离婚、再婚，但实际上绝大多数所谓的“离婚”只是婚姻危机而已，只要提前预知，采取措施，积极应对，基本上都是可以平和度过的。

其二：

有个朋友问算命大师，能否投资一个物流基地？大师告诉他说，近几年流年不利，必定亏本。可是，他没有抵住朋友的诱惑，依然投入，结果大败亏输，损失很多。

如果上面的主人公都信命，不去做无谓的“拼搏”，过了这个低潮期，财运上升之时，反而会有所收益。一正一反，时也命也！

改变自己也能改变命运！每个人都有自己的秉性和气场，如果能够了解并正视自己的幸福缺陷，勇于改善或改变自己，很多时候是能够改变不利境遇的。可是，江山易改，秉性难移，只有下决心并且找对方向、用对方法，才能获得效果。

命理学不仅可以用来研究和预测人生未来的发展趋势，还可以根据预测的结果、通过阴阳五行的计算、妥善利用五行生克制化的力量，从命理、方位、职业、人际等诸多方面，选择对自己最为有利的方向和道路，有针对性地采取措施去改善，而这才是在信命、知命基础上的不认命，只有积极地去改变，才能在真正意义上将“命运掌握在自己手中”！

你承担什么，就能获得什么

在电视剧《花千骨》中，作为师父，白子画经常会对徒弟花千骨说的一句话就是“你有多大的能力，就要承担多大的责任”。当大家在为这句话静心思考的时候，我想说的是：你能够承担什么，就能获得什么。

有个独具匠心的老木匠，受雇于一个老板。老木匠凭着自己精湛的手艺，为老板留住了很多回头客，深得老板的青睐。

木匠忙碌了一辈子，年岁已高，准备和妻子退休回家颐养天年，便向老板说明了自己的想法。老板听了后很是舍不得，请求老木匠为他做最后一件事——盖一幢房子！

老木匠不太乐意，可是又不想驳了老板的面子，便又盖起了最后的一座房子。这一次，他干活儿的时候，全然不同于以前的尽心尽力了。在做工过程中，他每个环节都会偷工减料，无法静下心来。

没用多长时间，老木匠便草草完成了老板交给的任务。当他把这所木房子交给老板时，老板对他说：“你为我干了一辈子的活儿，回家我也没什么可给你的，现在就把你最后建筑的这所房子送给你了，也算我最后给你的礼物吧！”

事情的结果完全出乎老木匠的意料。老木匠傻傻地、呆呆地，后悔自己当初没能尽心尽力建这所房子，没能对结构中一螺一钉用心用力。恍然间，他似乎明白了什么！

这个故事告诉我们，无论在什么时候，身处什么岗位，对待工作都要有一丝不苟的负责态度，“在位一分钟，干好60秒”，否则受损失的可能就是自己。

一个人工作的好坏，最关键的一点就在于有没有责任感，是否认真履行了自己的责任。当一个人意识到自己的责任并勇于承担时，就会变得坚强，就会充分发挥自己的潜能、能力。

责任可以改变你对待工作的态度，而对待工作的态度则决定了你的工作成绩。每个人的生活，大部分时间都是和工作联系在一起的，如果你热爱工作，那你的生活就是天堂；如果你讨厌工作，那你的生活就是地狱。要清醒、明确地认识到自己的职责，履行好自己的职责，发挥自己的能力，克服困难完成工作。

丘吉尔有句名言："伟大的代价，就是责任。"一个人只有承担了责任，才有可能被赋予更大的责任。

1835年，朋友对摩根说，有家名叫伊特纳的火灾保险公司为了扩大自己的实力，宣布：凡是加入公司的新股东，不用马上注入奖金，只要在股东名册上签下自己的名字，就可以成为该公司的股东，而且很快就会有良好的收益。

摩根得知了这一情况后，便毫不犹豫地在那本股东名册上签下了他的名字，成为伊特纳火灾公司的一名股东。可是，天有不测风云。在那一年的冬天，纽约突发了一场特大火灾。伊特纳火灾保险公司的股东傻了眼，为了挽回自己的损失，纷纷退股。

摩根非常在意自己的声誉，他经过认真考虑，决定舍财保信誉。首先，他卖掉了自己苦心经营多年的旅馆和酒店，低价收购了大家的股份；接着，他又通过其他融资渠道，以最快的速度将15万美元的保险赔偿返还了投保人。一时间，伊特纳火灾保险公司的声誉传遍了整个纽约城。

为了偿还赔偿金，摩根已经濒临破产，只剩下一个空壳般的保险公司。当然，摩根也成为这家公司最大的股东。为了让公司起死回生，摩根从朋友那里借钱，刊登了广告：本公司为偿还保险金已经竭尽所能，从现在开始，再入本公司的投保人，保险金一律增加一倍。

第二天早晨，身上只有5美元的摩根拎着公文包上班。当走到公司所在的那条大街时，那条大街已经被挤得水泄不通，许多前来投保的人挤在伊特纳火灾公司的大门口。结果，摩根很快就买回了原来的旅馆和酒店，还净赚了30万美元。

这位摩根先生就是主宰华尔街帝国的摩根先生的祖父，美国亿万富翁摩根家族的创始人。

一个人能承担多大的责任，就能取得多大的成就！一场突发的火灾曾使伊特纳火灾公司濒临破产，可是正是由于这场火灾，成就了一个家族的事业。摩根先生成功的秘诀就是讲诚信，重责任。其实，摩根先生并不是单纯因为那次火灾而成为美国的亿万富翁，他在日后的风云商场中凡事必讲“责任”，如此才积累了富可敌国的财产。

摩根先生曾说：“责任是我一生的恪守，因为它具有无穷的复利效果，可以让你从身无分文的小子变成真正的亿万富翁。”相反，如果不敢承担责任，它所带来的财富也非常有限，甚至会因为责任中断导致财富缩水、企业破产等严重问题。

专注是一种力

专注力的重要性不言而喻，关于专注有三个小故事。

故事一：

俱乐部正在进行围棋比赛，教练被观众席中的一个孩子所吸引——这个小孩在棋盘旁整整站了一上午，注意力高度集中，目不转睛地盯着棋盘，孩子入迷了。第二天，这个小孩来到这里，又专心致志地看了一上午。

教练发现了一个好苗子，6 岁的上海儿童常昊就这样被吸收进了围棋队。3 年后，常昊获全国“棋童杯”赛冠军；还曾在被让四子的情况下，战胜过日本棋圣。

一个孩子有这样好的注意品质，确实难能可贵。常昊之所以有这样的进步，原因之一就是他的注意力高度集中和长时间稳定。

故事二：

有一次，数学家陈景润走路时撞到树上，非但没察觉到自己走错了路，反倒以为是撞着别人了，一连说了几声“对不起”。后来抬头一看，原来是一棵大树，不由得会心一笑。原来，他正全神贯注地思考着数学问题。

不可否认，陈景润在数学领域研究效率高，取得巨大成功，与他出色的注意品质紧密相关。

故事三：

1871 年的圣诞节，爱迪生举行结婚典礼。婚礼正在进行时，爱迪生突然不见了，大家都纳闷，新郎哪里去了？原来，爱迪生突然想到自己正在研究的电报机，注意力一下子集中到发明上，不知不觉就跑到工厂搞实验去了。

一个工人发现了他，告诉他已是午夜 12 时了。这时爱迪生才想起来：“糟糕，我还要陪客人吃晚饭呢！”

与其花许多时间去凿许多浅井，不如用同样的时间去凿一口深井！你很专注地干过一件事情吗？全身心地投入 24 小时不想别的，心里只有一件事情。专注的力量很大，它能把一个人的潜力发挥到极致，一旦达到那种状态，你就没有了自我的概念，所有的精力都会被集中到一点。

有句古语是这么说的："能够到达金字塔顶端的动物只有两种，一种是苍鹰，另一种是蜗牛。"苍鹰之所以能够到达，是因为它们拥有傲人的翅膀；而慢吞吞的蜗牛之所以能够爬上去，则是因为它们认准了自己的方向，一直沿着这个方向努力。

有一位著名的推销大师，受行业协会的邀请去给听众讲授自己的成功史。

会场上座无虚席，大师向大家展示了一个巨大的铁架子，架子上悬挂着一个巨大的铁球，旁边放着一把大铁锤。然后，大师从观众中请了两位身强力壮的小伙子，请他们用铁锤敲打那个大铁球，把铁球荡起来。

两个小伙子依次进行，乒乒乓乓一顿忙活，可是大铁球却纹丝未动，两人很快便泄气了。

会场上安静下来，观众们知道，这里面一定蕴藏着什么深奥的道理，等着大师做解释。但是，大师一句话都没说，而是从口袋里拿出一个小锤子，然后对着那个铁球一下一下地敲了起来。

观众们都不明就里，刚才的大铁锤都不能让大铁球荡起来，难道大师想用这把小锤子做到？20分钟过去了，观众开始骚动起来，甚至有人已经开始叫骂了，但是大师根本不理会那些，仍然认真地一下一下敲着。

40分钟过去后，前排一个观众忽然惊叫起来："球动了！"会场刹那间变得鸦雀无声，人们的注意力都集中在那个大铁球上。果然，那个巨大的铁球以微弱的幅度摆动了起来，而且随着大师依旧认真持续的敲打，铁球摆动的幅度越来越大，竟然拉着那个铁架子哗哗作响。

全场终于爆发出热烈的掌声。

这个故事主要讲的是专注的作用，它再一次告诉我们，即使是简单的事情，经过不断地重复，经过一定的积累，也会产生难以想象的结果。用小锤子荡起大铁球，看上去似乎挺不可思议，但是道理却很简单，无非就是量变带质变。这个道理人人都知道，但是真正能坚持量的积累的人，却是少之又少，成功的可贵也正是因为过程的“难能”。

其实，大师的手法并不高明，仅就荡动大铁球而言，他只是利用了人们的惯性思维而已。一般人都认为，巨大的东西需要巨大的力量来撼动，其实对处于悬挂状态下的巨大铁球来说，最简单的方法是推动它，只要方法正确。

人的思想非常了不起，只要专注于某一项事业，就会做出使自己吃惊的成绩。这就是专注的力量！做任何事情的道理都差不多，只要重视了专注的力量，并在专注的基础上用心研究专注的技巧原理，就能大大提高成功率。

第五部分　健康的觉醒

真正的快乐是内在的，它只有在人类的心灵里才能发现。

——布雷默

第十三章　快乐的秘密

你真的快乐吗

如今，人们都在追求快乐的生活，当自己的愿望或者理想实现了的时候，有的人就说自己很快乐；当一件事情按照自己的预期向前发展的时候，有的人也会感到很快乐。可是，你有没有想过一个问题，你真的快乐吗？

佛陀释迦牟尼佛传法时，印度的一个大富豪想请佛陀到他那里长住，他承诺说：“我会给您提供一个地方讲经说法。”

大富豪看上了祇陀太子最美的花园，方圆几十千米都很平坦，很漂亮。他向祇陀太子请求：“我想捐一个地方，让释迦牟尼佛讲经说法，你能不能把花园出让给我？”

祇陀太子把自家的花园打造得那么漂亮，哪里舍得，可是大家都是好朋友，不给吧，好像不给面子；给吧，又不愿意。祇陀太子随口就说：“不行，除非你用黄金铺地。”

大富豪本来就很有钱，于是便请人在祇陀太子的花园铺满了黄金。祇陀太子一看，非常惊奇，于是说：“既然你用黄金铺地了，我就把钱收下。很多参天古树长在那里没法铺黄金，算我捐给释迦牟尼佛的；还有，不要把我名字全拿掉，留下我的名字。”

据说，后来这个地方就成了佛教史上释迦牟尼佛讲经说法待的时间最长的地方，前前后后共有28年。

看到佛教徒用他的财富去造精舍，释迦牟尼佛并没有阻止，这就告诉我们，如果一个人有能力赚取很多的金钱，愿意去上供下施，都是好的，这是他的福报，他是快乐的！

快乐不在于事情，而在于我们自己！如今，很多人拥有金钱、名利、权力，可是依然会觉得很痛苦；而且，拥有的越多，就越痛苦。为了堂皇的应酬，酒越喝越多，心情越来越差，肚皮越来越松弛，朋友越来越少……挟裹在时代的快车道上，消费着生活的快节奏，我们别无选择地做了生活的“舒马赫”，但也向生活出卖了我们的健康。

朋友们经常给我们的祝福的话语是：祝你快乐！祝你健康！可是，你真的快乐吗？你真的健康吗？如果让别人充当自己生活的参照物，就会降低人生质量和对自我的认知。

健康和快乐都是生命最起码的质量，世上最难得的就是真正而持久的健康与快乐。因此，追求快乐和健康的过程必是我们一生的功课。只有慢慢地感受生活丰富而充满元气的细节，坚持锻炼身体，解放禁锢已久的心灵，尽情体会这个缤纷美丽的世界，亲近大自然，改善久居城市里产生的不良情绪，进入一个健康的良性循环，这才是最重要的！

为什么你总与快乐无缘

如今，很多人都觉得自己不快乐：学生抱怨作业多，白领抱怨工作累，妇女抱怨家务忙，官员抱怨应酬多，老人抱怨子女不回家……究竟是什么，让我们一脸愁容？

前几天，好朋友相邀“聚聚”，李涛便欣然前往。席间，大家海阔天空，家长里短，倒也其乐融融。可是，一位朋友却郁郁寡欢，默默地饮酒。

李涛知道，这位朋友近几年事业、家庭各方面都比较顺利，不久前孩子又考进了外地一所重点大学，在常人眼中是喜事连连。可是，他却说："我高兴不起来，工作上、家庭里烦心的事很多。比如，孩子在外地总是不放心，生怕他学习上不努力，学坏。"

李涛说："老兄，船到桥头自然直，车到山前必有路。孩子的事，就让孩子自己去解决，不要太跟自己过不去。"

不可否认，故事中李涛的这位朋友的思维是进入了一个死角。他看问题的视角是负面、消极的，尽管在旁人眼中他是幸福的，可他感觉不到幸福，却总为一些并未发生的事忧愁，被种种的可怕念头纠缠。

真正的快乐是内在的，只有在心里才能发现！为什么有些人尽管身处逆境，却整天乐呵呵的；有些人事事顺意，却仍然郁郁寡欢？说到底，就是一个思想意识问题。

弥尔顿在《失乐园》中有一句话："意识本身可以把地狱造就成天堂，也能把天堂折腾成地狱。"这句话就比较直观地讲出了其中的道理。每个人的烦恼和痛苦都不是因为事情本身，而是我们看问题的观念和态度。如果观念比较悲观，无形之中就会给自己增加许多压力，天堂也会被折腾成地狱。

哈罗·阿尔伯特是美国加州大学的教务主任。一次，他走在韦伯镇西道提街，心里充满了对工作的不满与困惑，因为他已经失业了，现在正准备找份新的工作。他一路走着，一蹶不振，完全丧失了信心和勇气。

这时，他突然看到一个失去腿的人。这个人正坐在一个小小的木头平台上，下面装着从溜冰轮椅上拆下来的轮子，他两手各抓着一块木头，撑着地让自己滑过街。

哈罗看到这个人时，他刚好已经过了街，正准备把自己抬高几英寸上到人行道来。就在这个人把那小小的木头车翘起来的时候，哈罗的目光与之相对，对方很开心地对哈罗说："你早啊！先生，早晨的天气真好，是不是？"

哈罗顿时感到一种莫名的满足感。哈罗想：他没有腿，可是他却那样快乐。我有两条腿，还有不高兴的理由吗？于是，哈罗变得更为自信，高兴地向前走去。

在生活中，经常不快乐的人主要有这样几种：一是思想比较狭隘的人，即使是一件小事也会看得很大，很严重；二是思想比较敏感的人，明明是在说别人，却认为是在影射他，疑神疑鬼，心里不痛快；三是思想悲观的人，一事当前，总是如履薄冰，该快乐时快乐不起来，有了事情就更沮丧、悲哀了……

在当前越来越激烈的竞争中，不仅要努力学会协调好外部环境，还要注意调理好个人的内心世界。记住：天堂与地狱，就在你心中！

困惑、苦恼，只因忘记了你是谁

来到这个世界上，所有的人都想书写自己人生的华丽篇章，活出自己的精彩。但是，虽然我们都向往舞台上灯光下的如花笑靥，可不是每一个人都是舞台上的主角。如果看不到灯光、听不到掌声，没有关注的眼神，没有成功的鲜花，就要先给自己一个合理的定位——记住自己是谁。

男子是个小学教师，在网络上认识了一个白领，出身高干。两人见面后感觉不错，然后便开始交往。可是一个月之后，女孩便不再联系男子，男子失恋了。

男子整天愁眉不展，父亲的一句话如当头棒喝："记住自己是谁。"

男子幡然醒悟：是啊，我一个贫穷教师的孩子怎能迷恋一个高干子女？我不是一个幸运儿，但也不能成为生活和感情中的乞讨者，没什么优点，不等于一无是处。

作为一个平凡的人，在大多数时间里，我们只能选择向隅独白；即使是真诚地生活着，也只能为自己加油，为自己叫好。可是，就像一块砖一样，一经出世便遭受冷落，没有称赞的掌声，没有羡慕的眼光，生命却在烈火中煅烧出价值，至少应为自己的重生而高兴。

虽然，任何一个人都无法准确地回答出"幸福究竟是什么"，尤其是在今天这个物质欲望膨胀的社会。但来到这个世界上，每个人都期待幸福的降临。形形色色的人们之所以会在幻想中追求自己的幸福，之所以会经常沮丧在泡沫破灭中，大多数都是因为认不清自己。

苦恼困惑的根源在于迷失自我，困惑、苦恼只因忘记了我是谁。不管任何人，无论在任何时候、任何地方、任何处境、任何状态下，都不要忘了你是谁！因为，一个忘记了自己是谁的人，一定会做一些与自己的身份、位置、价值等不是太相称的事。不是自己想去做，只是因为忘记了自己是谁。所以，再次提醒，请不要忘记你是谁！

曾读过这样一篇文章：

一位妇人晕倒在地，突然感觉好像已经离开了人世，正站在天堂里的法官面前。

一个声音问道："你是谁？"

“我是市长的妻子。”妇人回答。

“我没有问你是谁的妻子，而是问你是谁。”

“我是三个孩子的母亲。”

“我没有问你是谁的母亲，而是问你是谁。”

“我是一名医生。”

“我也没有问你做什么职业，而是问你是谁。”

“我是一名基督徒。”

“我没有问你的宗教信仰，只是问你是谁。”

一问一答没完没了地进行着，妇人总是不能满意地回答法官的“你是谁”这个问题。

不知过了多久，妇人明白过来。她下决心要找出“我是谁”的答案。

这是一篇充满魔幻的散文，全文以对话为主，围绕“我是谁”这个问题展开。

我是谁？这个问题好荒谬，好奇怪，难道说有人连自己是谁都不知道？现实生活中，人们总是试图在自己扮演的各种角色中证明自我的生命价值，却遗忘了自己的本真。

哈佛商学院有个悠久的传统：在每一科的最后一堂课，教室里听不到个案研究讨论，也见不到学生七嘴八舌争相发言的情景，只有任课教授对台下这群精英学生说，一份文凭也给不了的人生智慧，而每一个故事都可能成为你一生中面临困难抉择时的重要指引——漫漫人生，无论走向何方，都不要忘记自己的价值理念；面对抉择，务必忠于它、守住它……记得你是谁。

法国思想家蒙田说：“世界上最重要的事情就是认识自我。”一个不认识“我”的人，无论他的地位多么显赫，无论他的事业多么成功，无论他的资产多么丰厚，无论他的身体多么健康，无论他的人生多么安逸、“幸福”，他依然是一个极其可悲、可怜的人，仅仅是一只没有“头”的苍蝇、一个被“无明”牵引的行尸走肉。

你，是你自己，既不能让别人的思想控制你，也不能为世界的条条框框所禁锢，更不值得把自己的思想寄托于他人的思想高速公路上。

世上没有绝对的事，不值得你事事去愤青；世上没有那么多义务，值得为你事事改变；世上没有那么多的泪水给你流；也没有那么多的苦水凭你吐。而你，要做的，仅仅是值得与不值得，仅仅是知道你是谁。

第十四章　我们完全可以更快乐

人生的目的是什么

人生如果没有目的，生存也就变得毫无意义。

人的一生如此短暂，而后则会无穷漫长，借着这短短的几十年时间，寻求永恒不灭的生命才是“人生之目的”！

三只青蛙掉进鲜奶桶中。

第一只青蛙说：“这是命。”于是，它盘起后腿，一动不动地等待着死亡的降临。

第二只青蛙说：“这桶看来太深了，凭我的跳跃能力，是不可能跳出去了。今天死定了。”于是，它沉入桶底淹死了。

第三只青蛙打量着四周说：“真是不幸！但我的后腿还有劲，我要找到垫脚的东西，跳出这可怕的桶！”于是，它一边划一边跳，慢慢地，奶在它的搅拌下变成了奶油块。在奶油块的支撑下，青蛙奋力一跳，终于跳出了奶桶。

正是明确的目标——“要找到垫脚的东西，跳出这可怕的桶”，救了第三只青蛙的命。

芸芸众生中，真正的天才与白痴都是极少的，绝大多数人的智慧都差不多。可是，在走过漫长的人生之路后，有的人功盖天下，有的人却碌碌无为。原本是智力相近的一群人，成就为何却有着天壤之别？

有许多人都会告诉你人生的目的是什么，他们会拿经典里的话来指导你，聪明的人甚至会发明一些新的人生目的，比如，政治团体有他们的人生目的，宗教组织也有他们的人生目的……可是，当自己处在困惑状态时，你的人生目的又是什么？

困惑时，有些人会问自己：人生的目的到底是什么？因为他们都希望借由这份困惑来找到答案。但是，一个充满困惑的人如何能找到答案？如果你的心智充满了困扰，不是美好而安详的，答案也定然是透过困惑、焦虑和恐惧的屏障而产生的，一定会被扭曲。因此，重点不是问“人生的目的是什么”，而是要理清内心的困惑。

如果盲人问：“什么是光明？”你告诉他光明是什么，他一定会根据自己的眼盲经验来聆听这个答案；如果他能够看到光，就不会问什么是光明了。

同样，如果你能理清内心的困惑，自然会明白人生的目的是什么。既不用再问什么，也不需要再寻找它，只要从造成困惑的原因中解脱出来就可以了！

人生苦恼困惑的根源在于迷失自我

有些人为何经常会感到苦恼和困惑，我觉得，一个重要的原因就是他迷失了自我，认识不到自我的价值。

曾经读过这样一个寓言故事。

八哥很羡慕人类所说的话语，于是偷偷跟着主人苦学了三年，最后终于会说一口流利的人语。它很高兴，就去报名参加当年的“鸟类动物才艺展示大赛”。

在才艺大赛中，八哥将自己学到的人语向评委作了充分展示。它认为自己说的人语非其他鸟类动物能比，简直就和真人所说的无任何差异，肯定能获得一个理想的名次。可是，结果它的成绩甚至还不如只会“呱呱”乱叫的老鸹。

八哥不明白，就去问大赛评委之一的凤凰。凤凰告诉它：“你的‘人语’虽然说得不错，但是你却完全迷失了自己!”听到这儿，八哥羞愧地低下了头。

不可否认，“凤凰”说的话是有一定道理的。虽然，别人在某些方面可能有超出我们的技能、才华等，我们向他们学习也没有什么不对的地方，我们可以仰望别人，却不能迷失自己，否则必然会像“八哥”一样得不偿失。

还有这样一则真实的故事。

美国的盖什文是个很有名气的作曲家，可是他仍然想跟意大利作曲家——《茶花女》的作者威尔第学作曲。他远渡重洋，来到欧洲，去拜访威尔第。

威尔第见到盖什文后，态度坚决地谢绝了他，说：“你已经是一流的盖什文了，为何还要成为二流的威尔第呢?”

故事中的盖什文，一心向威尔第学习的精神固然可嘉，但威尔第却“态度坚决地谢绝了他”，为何？因为“你已经是一流的盖什文了，为何还要成为二流的威尔第”。因为，他不想看到盖什文迷失了自己。

怎样才能使我们在仰望别人的时候不迷失自己呢？在确保不丢失自己特点的前提下，虚心向别人学习，善于从别人的长处中发现自己的短处，通过努力弥补自己的不足，让自己生活得更有自我，更具风采。

在仰望别人的时候，记得不要迷失了自己！一个是寓言，一个是真实的故事，虽然情节不同，但是道理却别无二致。这个“道理”就是：仰望别人，不能迷失自己！

要敢于否定自己，但不盲目否定

2014 年 11 月 24 日下午，西山一座四合院里，柳传志迎来了他的十位新老朋友。大家围坐一圈，畅谈当今的互联网时代和企业的发展。柳传志在这次内部分享会上谈了自己的一个观点：“要敢于否定自己，但也不能盲目否定”。

在互联网思维面前，传统企业能否进行组织系统的改造，非常值得研究。一个基本点就在于，能不能、敢不敢否定自己，甚至是全盘的否定。在这儿，我说的是要敢于，并不是要你真全盘否定。

人们都是根据自己的经验来表达对某些事物的看法的，思想有可能片面，有可能被拘泥，只有否定自己，才能获得新生，才是真正的凤凰涅槃。要敢于否定自己，但也不能盲目否定，要想办法把事情真正弄明白，什么该否定，什么不能否定。

敢于否定自己是值得肯定的，但不能盲目！

如果不能大胆地解剖自己、怀疑自己、否定自己，就不可能在一个个无知中超越自己、发展自己。鲁迅曾说过：“我的确时时解剖别人，可是更多的是无情地解剖自己。”这是一个变化速度极快的时代，这个世界上唯一不变的就是变化，稍有迟疑，就会失之千里。

要活下去，只有超越；要超越，必须超越自我。而超越的必要条件则是，及时去除一切错误；要想去除一切错误，首先就要敢于进行自我批判与自我否定。

英国著名物理学家史蒂芬·霍金以“黑洞悖论”理论一举成名。可是，在2004年7月21日，他宣布了自己的最新假说，认为黑洞信息并非“只进不出”，推翻了自己之前认为的“黑洞消失，内部消息也不知去向”的说法，这是霍金对自己的一次大胆质疑与否定。

自省的更高境界是自我否定！生活具有迷惑性，人时常需要自我提醒、自我怀疑、自我否定一下，停下来进行自我质疑或者向他人请教。从一定意义上来说，不敢自我否定的人，迟早会被别人否定。因为，人最大的敌人就是自己。

在自我质疑与自我否定中前进，就是一个不断归零的过程。在人生的道路上，只有不断地自我否定、自我归零，不让已经取得的成绩成为探索新道路时背的包袱，创造出来的成果才能不被后人“否定”“归零”。

欣赏美术大师们的作品时，很多人都会分成各个时期来研究。很多时候，虽然是一个人所做，但是不同时期的作品往往会呈现出截然不同的特点，差别是极为明显的。这就是前辈大师们不断“自我质疑”“自我否定”的成果。

当然，这里的“否定”并不是一个贬义词。敢于否定自己的人，通常会多问自己几个问题，给自己创造一些压力和挑战！

认识自己，关心自己，爱自己

1. 认识自己

“认识你自己！”——这是铭刻在希腊圣城德尔斐神殿上的著名箴言，希腊和后来的哲学家喜欢引用它来规劝世人。每个人都是一个独一无二的个体，都应该认识自己独特的禀赋和价值，从而实现自我，真正成为自己。

卡夫卡出生在捷克布拉格的一个犹太商人家庭，从小性格孤僻，沉默寡言，懦弱胆怯，多愁善感，总喜欢一个人躲在角落里发呆。

父亲对他很不满意，觉得这不是一个男子汉应该具有的性格。父亲片面地认为，只有那些活泼开朗、能言善辩、坚强勇敢的人，将来才会有出息。

为了把小卡夫卡培养成这样的人，父亲想了很多办法，比如，拿着皮鞭把他从家里赶出来，逼着他与人交往，让他做自己不喜欢做的事情。

开始的时候，小卡夫卡也为自己感到难过，试图去改变自己，做一个让父亲喜欢的好儿子。可是，无论他怎么努力，始终无法战胜内心的怯弱，做到口若悬河、当机立断、英勇神武、奋不顾身……他自卑到了极点，觉得自己一无是处。父亲的严厉和粗暴非但没能改变他，反而令他更加恐惧和不安，变得比以前还要懦弱、胆小。

在父亲一次次的伤害中，小卡夫卡学会了察言观色，学会了承受和忍耐，也体会到了生活的痛苦与无奈。他经常会把自己关在屋子里，小心地审视着周围的一切，生怕再受到任何的伤害。

看到他这副没出息的样子，父亲彻底失去了信心，索性不再管他，任他自生自灭。在父亲的眼里，他是一个彻头彻尾的懦夫，一个毫无前途可言的可怜虫。

就这样，在困惑与伤痛中，小卡夫卡一天天地长大成人，性格还是没有丝毫的变化，内向、怯弱、多愁善感。但出人意料的是，他并非像父亲想象的那样无能，18 岁时就考入了布拉格大学，并获得了博士学位。

更令人震惊的是，一次偶然的机会，他走上了文学创作的道路。他把对生活的敏感、怯懦的性格、孤僻忧郁的气质、难以排遣的孤独和危机感、无法克服的荒诞和恐惧，都融入到小说之中，形成独特绚丽的风格。

卡夫卡的《变形记》《判决》《城堡》等作品享誉全球，经久不衰，他也成为奥地利最负盛名的作家，被誉为“西方现代派文学的宗师和探险者”、世界级文学大师、现代派文学的开山鼻祖。

卡夫卡的成功告诉我们，有些东西无法改变，比如性格、容貌、高矮等，对于这些与生俱来的缺陷，我们没有必要去改变它（当然也无法改变），更不要为此懊恼和自卑。

每个人都有自己的优点，但也都有自己的缺陷，与其抱怨上天对自己的不公，不如去寻找一片适合自己生长的土地。天地之宽，社会之大，只要你肯用心，无论你是一朵什么样的花，都会有一个完美的春天。

2. 关心自己

关心自己的道理浅显易懂，但如果仅仅从“身体发肤，受之父母”的角度来考虑，未免肤浅。

的确，关心自己的身体健康是很重要的，但一个人的思想、道德、智力、学识、文化以及在社会上的地位、对社会的贡献等，都是值得关心的。如果不关心这些问题，只关心自己的身体健康，又怎么能全面成长呢?

（1）要了解自己。不仅要知道自己需要什么，还要知道自己“欠缺”什么。这里的欠缺不仅是指在物质生活方面的匮乏，还有精神生活、道德品质、为人处世、学识文化等各方面的欠缺。

任何人都不可能十全十美，每个人欠缺的也各不相同，因此只有了解自己真正需要和欠缺的是什么，才能有的放矢地培养自己、完善自己。

“药到病除”的前提是“对症下药”。只有真正地了解自己，从自己的实际出发，才能说得上是关心自己。

(2) 要客观地评价自己。如果只看到自己的优点而看不到自己的缺点和不足，就会过高地估价自己，盲目自满，丧失进取的动力；反之，如果只看到自己的缺点和不足，就会过低地估价自己，妄自菲薄，动摇进取的信心。

关心自己的目的是使自己在不断的自我发现和反省中驱恶扬善，不断进步，而不是在孤芳自赏中不断后退。

3. 爱自己

人生酸甜苦辣咸，五种不同的味道，缺少一种都未免太过单调。想要拥有绚烂的人生，就要勇于迎击多彩的挑战。

哪里会有所谓的一帆风顺，哪里会一直有坦然大道？生活之路必然会布满荆棘，既没有人会理会你的委屈，也没有人会理会你的无奈。面对生活的嘲讽，要给自己一个微笑，要大声地告诉自己——我爱你。

只有学会爱自己，才能勤于律己、矫正自己，才能明白自己的责任。人的一生是漫长的，很多时候都没有人督促你、叮咛你、指导你。即使是自己最亲爱的人和最真诚的朋友，也不会时刻伴随你，你所拥有的关怀和爱抚都随时有失去的可能。这时候，就要学会为自己修枝打杈、浇水施肥，把自己培养成为一棵英姿飒爽的小树。因为，只有爱自己的人才会爱别人！

(1) 大声说出爱自己。问你一个问题，在你的生命中，你最爱谁？我相信，很多人都会说我爱父母、爷爷奶奶、朋友……很少人会说最爱自己。因为你们觉得，说爱自己会让别人觉得自己很不理性，很自私。可是，你想过吗，谁会不爱自己？

不可否认，除了爱自己外，确实还爱另外的人。当然，一个失去理智的人才不会爱自己。你们愿意承认自己失去理智吗？真正明智的做法是，当别人问你最爱谁时，自豪地说“我最爱自己”。

（2）你真的很需要爱自己。爱自己的一切，是一件很奇妙的事情。发出对自己爱的电波，能让你更加去爱你所爱的人。

我们来到这个世界的目的就是感受快乐，感受到活着的美好。如果连自己都不爱，你还有什么资格去谈活着的美好与意义？如果你不能接近身边的人，说明你不爱自己。正是因为你不爱自己，才失去了亲和力，甚至你都不知道如何接近自己。

人生中，要做的重要事之一就是——学会爱自己，学会照顾自己，学会善待自己。所有人的灵魂都需要爱，无一例外！

（3）这样爱自己。不管你多么伟大，都需要从爱自己开始。要努力接纳自己身上的一切，愚蠢的、可笑的、荒谬的……不管好与坏，都要坦然面对，积极改正，而不是一味地去伤害自己。

爱自己不一定是保护自己，还可以是满足自己的要求。爱自己并不是一天两天的事，可以贴张大白纸在明显的地方，每天拿支笔在上面写上日期以及你爱自己的事情与心情。

第十五章　生活，而不是生存

人是矛盾体

人是一个矛盾性的存在，有着难以解脱的自身局限，正是这些固有局限构成了人类遭遇的根性困境。

其实，在很久以前人类就认识到自我的局限，或者说缺陷，所以很早就企图用想象来比附出这些局限，或者说用虚构出的完善来承认自己的不足——那时的人类并不敢狂妄。有宗教信仰的人往往是谦恭和谦抑的，当然也可能依仗或凭借自己的想象而狂妄。

人是一种精神和思想性的存在，这是人与其他任何生物性存在的根本区别。因此，无论从自然进化，还是人类的自我认识，任何片面强调唯物主义或者唯心主义的哲学都是片面的。

就唯物主义的人性观而言，依然无法将人类等同于一般生物物种：趋利避害、物竞天择，功利主义、丛林原则。这是一种复杂的认识，一般人只能在简单的“个体”与“社会”价值选择中来判定人性。古今中外大体皆然！

人是一种矛盾存在，矛盾是人的存在形式，人类的全部希望恰恰在于：正确运用自己的聪明与智慧，理智而清醒地认识和估计自己的局限，在克服局限中找出相对和谐的长存之道。

1. 个体存在的绝对性与群体存在方式的必需

由于个体存在的绝对性与群体存在方式的必需，自由与秩序自然会出现纠结；利己与利人、个体与群体就会成为永远难以摆平的困境；个性的特征与共性的标准就永远难以协调。因此，自由与秩序之间就会存在永远无法缓解的张力。

2. 亲密和谐的追求与永恒的孤独寂寞

理解、宽容、偏见、怀疑、误解、歪曲、虚伪、谎言、欺骗……“相逢对面不相识”“知人知面不知心”……没有谁会成为别人肚子里的“蛔虫”，没有谁可以扒开自己的“真心”向别人展示——“难以理解”始终会是人与人之间毫无芥蒂的一道天然障碍。

3. 生命的有限性与想象的无限性

我们都知道自己的终结——这虽然是帕斯卡尔的自豪，可是也确实给人类带来了巨大的痛苦和恐惧。为了突破这种局限，人类一直都在想入非非——长生不死、灵丹妙药、灵魂不灭、天国往生、涅槃……至今，人类“怕死”和企图“超越生死”的反自然追求，仍然是“宗教信仰”开辟市场的重要魅力所在。

4. 欲望的膨胀性与能力的有限性

欲望膨胀，只有人类才有！人类会将危机进行想象转移——有备而无患；人类会将需求扩大为欲求——无度奢侈、膨胀放纵。因此，就会出现资源有限性危机。可是，欲望的无限度与人类自身能力的有限性形成了巨大的反差：人类的不知足和永远达不到目的的痛苦。这一反差无法避免，就会出现对生命意义的否定。

不可否认，面对资源的有限性，人类的欲望膨胀已经极大地破坏了自我生存环境。人类从满足需求到满足欲求的生活方式的改变，或已经使人类走上了一条不归路。

5. 终极追求的不舍与认识能力的局限

在人类认识能力中有一种自然属性——终极追求，就是刨根问底。人类是以有限对无限的，是以短暂面对永恒的，并没有可能达到的终极认识。但是，人们既不满意自己的相对性认识，更不愿意承认多元论的事实，尤其是西方文化更愿意绝对化，所以西方文化中宗教、哲学和科学都相对发达。

6. 理性的思考创造与非理性结果

直觉与理性之间，非但没有截然的障碍，而且还是一种互补的思维方式。但是，即使是人们所推崇的理性也是不可靠的，比如，理想主义可以制造灾难，“有心栽花花不开，无心插柳柳成荫”说的就是这个道理。

理性与科学成就并不都会造福于人类：火药并不都用于焰火，核能并不都是为了发电……因此，对于人类来说，科学技术就是一把双刃剑！

7. 价值的多样性与追求目标的冲突

不难发现，人们追求的目标越高尚，就越是难以达到。真、善、美、公正、公平、公开、和平、民主、平等、自由、博爱、正义……人们正是以这些理念支撑着、追求着、期待着社会和未来。

可是，这些追求之所以一直也没有达到满意，不仅是因为很多都仅具有理想的意义，而且多项都仅仅是一个悖论。英国伟大的自由主义思想家以赛亚·伯林发现，人们价值追求的目标不仅难以实现，而且还互相矛盾制约。

围绕人类自身与社会的价值探讨和争议永远都不会停止，可是人类不能终止于茫然与失望，尽管探索和追求依然会继续下去。也许，只有那些最古老、最简单的道理才是最根本的道理，才能够让我们重新发现自我、找到出路，重新确认价值与意义。

别把真正的自己抛弃了

在人生之路上，我们需要抛弃的东西有很多，因为，唯有如此，我们才能轻装上阵，否则就会累赘不堪！可是，不管你抛弃了什么，千万不要将真正的自己一起抛弃掉。

一天，寺院的监院师父参加法眼禅师的法会。

法眼："你参加我的法会，有多长时间了？"

监院："我参加禅师的法会已经有三年之久。"

法眼："为何不到我的丈室来问我佛法呢？"

监院："不瞒禅师，我已经从青峰禅师处领悟了佛法。"

法眼："你是根据哪些话而领悟了佛法呢？"

监院："我曾问青峰禅师说：学佛法的人，怎样才能认识真正的自己？青峰禅师回答我说：丙丁童子来求火。"

法眼："说得好。但是，你并不可能真正了解这句话的含义吧！"

监院："丙丁属火，以火求火，这就是说凡事要反求诸己。"

法眼："你果然不了解，如果佛教是这么简单的话，就不会从佛陀传承到今日了。"

监院听后，非常气愤，认为禅师看不起自己，便离开了法眼禅师。中途，他又想："禅师是个博学多闻的人，而且目前是五百人的大导师，他对我的忠告，一定自有其道理。"

监院返回原处，向法眼禅师忏悔，再次问道："学佛的人真正的自己是什么？"

法眼："丙丁童子来求火。"

监院听了，突然有所领悟。

同样的一句话，有两种不同的含义，可能代表了更多的层次。对于天上的月亮，小偷与恋爱中的情人，可能有不同的看法，所以对于真理，我们也不要钻牛角尖。"反求诸己"固然重要，广为通达更重要。

每个人都有很多面，在不同的时候有不同的面。但是，不管哪一面都是真实的你，在你的人生里，只有你是主角。在别人没有放弃你之前，千万不可以放弃自己！

在别人没有放弃你之前，不是不可以放弃自己，而是没有权利放弃自己！有时候，我们会走到一个低谷，也真的会很伤心、很绝望，需要我们坚强地去面对！可是，我们是脆弱的、无助的，容易放弃自己，因为放弃自己就会解脱，就不用伤心地活在世界上。

但是，你问过身边的人了吗？他们都放弃你了吗？如果有一个人说"没有"，你就没有一点理由、权利放弃自己。轻易草率地放弃自己，对于他们来说，是一个巨大的打击，因为他们爱你、他们关心你，他们不会像伤害你的人一样一去了之，他们会在你的身边继续给你鼓励、帮助你渡过难关。作为一个人，我们绝不能轻言放弃！

人的一生不可能一帆风顺，多多少少总会遇到一些坎坷和波折。世界之所以会有强弱之分，究其原因是前者在接受命运挑战的时候说"我永远不会放弃"，后者会说"算了，我承受不住"。

1883 年，富有创造精神的工程师约翰·罗布林，雄心勃勃地打算着手建造一座横跨曼哈顿和布鲁克林的桥。可是，桥梁专家们却说这计划纯属天方夜谭，不如趁早放弃。

罗布林的儿子华盛顿，是一个很有前途的工程师，也确信这座大桥可以建成。父子俩克服了种种困难，一边构思建桥方案，一边成功说服了银行家们投资该项目。可是，桥开工仅几个月，施工现场就发生了灾难性的事故。

罗布林在事故中不幸身亡，华盛顿的大脑严重受伤。许多人都以为这项工程会因此泡汤，因为只有罗布林父子才知道如何把这座大桥建成。

尽管华盛顿丧失了活动和说话的能力，但他的思维还同以往一样敏锐，他决心要把父子俩费了很多心血的大桥建成。一天，他脑中忽然一闪，想出一种用他唯一能动的一个手指和别人交流的方式。他用那只手敲击妻子的手臂，通过这种密码方式由妻子把他的设计意图转达给仍在建桥的工程师们。

整整13年，华盛顿都用一根手指指挥工程，直到雄伟壮观的布鲁克林大桥最终落成。

“永远不要说放弃”是一种坚定的信念、执着的追求，也是一种可贵的自信；“永远不说放弃”是一种幸福，也是一种自豪。一个健康的人可以幸福地说：“拥有健康和快乐。”一个残废的人可以自豪地说：“我的心脏没有放弃跳动，我没有放弃生活。”

不是所有的人都会伤害你，伤害你的只是极个别人而已，当他们离开的时候并不是什么坏事。你可以做回自己，不需要如此的牵挂和闹心。所有要放弃或者即将放弃的人们，可以问一下你身边的人，他们放弃你了吗？

第六部分　爱情的觉醒

这世界要是没有爱情，它在我们心中还会有什么意义！这就如一盏没有亮光的走马灯。

——歌　德

第十六章　爱的意义

我们到底在追求什么

在一生中，很多人都会有太多的追求，那么我们究竟在追求什么？金钱、规模、速度、竞争，还是，安宁与和谐？不能清晰地解答这个问题，最后的追求可能只会是一场空。

事物总是具有两面性，有的人因为美好的追求，一生过得丰富而充实；有的人则会在盲目追求中迷失了自己，不知道自己生命的终极意义何在。其实，对我们来说，最重要的是，要知道自己到底在追求什么。

有一种鸟叫鹏，它的脊背像座大山，展开的双翅就像天边的云。鹏鸟奋起而飞的时候，翅膀就会拍击急速旋转向上的气流直冲九万里高空。

一天，鹏穿过云气，背负青天，向南飞去，打算飞到南方的大海。蝉与雀看到了，讥笑它说："你打算飞到哪儿去？我奋力跳起来往上飞，飞不到几丈高就落了下来，这也算是飞翔的极限了。你打算飞到什么地方去呢？"

是啊，你打算飞到什么地方去呢？蝉与雀的这句发问可能为鲲鹏所不屑，但是这句问话实在太重要了。即使你是一只鲲鹏，能够展翅扶摇直上九万里，但是无论如何得有一个明确的方向。大部分人如你我，都是类似蝉、雀之流，实力与能力有限，更得有一个明确的方向，更得知道自己究竟要的是什么。

在墨西哥海边的一个小渔村的码头上，一个美国商人坐在那里。一个墨西哥渔夫划着一艘小船靠岸，小船上有好几尾大黄鳍鲔鱼。看到渔夫能抓这么高档的鱼，商人恭维了一番，问他："要多少时间才能抓这么多?"

渔夫说："才一会儿工夫就抓到了。"

美国人："你为什么不多待一会儿，多抓一些鱼?"

渔夫："这些鱼已经足够我一家人生活所需啦!"

美国人："那么，你一天剩下那么多时间都在干什么?"

渔夫："我呀，我每天睡到自然醒，出海抓几条鱼，回来后跟孩子们玩一玩；再跟老婆睡个午觉，黄昏时晃到村子里喝点小酒，跟哥儿们玩玩吉他。我的日子可过得充实又忙碌呢!"

美国人："我是美国哈佛大学企管硕士，我倒是可以为你提供帮助！你应该每天多花一些时间去抓鱼，到时候你就能买条大一点的船，可以抓更多鱼，然后再买更多渔船。这样，你就可以拥有一个渔船队。到时候，你就可以将鱼直接卖给加工厂。你可以自己开一家罐头工厂……如此，你就可以控制整个生产、加工处理和行销。你可以离开这个小渔村，搬到墨西哥城，再搬到洛杉矶，最后到纽约，在那儿经营你不断扩充的企业。"

渔夫："这要花多少时间呢?"

美国人："15~20 年。"

渔夫："然后呢?"

美国人："然后，你就可以在家当皇帝啦！时机一到，你就可以宣布股票上市，把你的公司股份卖给投资大众，到时候你就发啦！你可以几亿几亿地赚！"

渔夫："然后呢？"

美国人："到时你就可以退休啦！你可以搬到海边的小渔村去住。每天睡到自然醒，出海随便抓几条鱼，跟孩子们玩一玩，再跟老婆睡个午觉，黄昏时晃到村子里喝点小酒，跟哥儿们玩玩吉他。"

渔夫："我现在不就是这样了吗？"

人的一生，究竟在追求什么？这是一个没有标准答案的问题。其实，在有生之年，完全可以停下追逐的脚步，为自己的心灵找到一个安身之所。只有在那个地方，我们才能够真正得到自己想要的；只有在那个地方，生命才可能得到满足。

"我们到底追求的是什么"，这个看似简单的问题背后，包含了一个人对自己的深刻了解，一定要把它清楚地说出来。问问你自己，这辈子你到底要的是什么？否则，这一生的努力，到头来也只是空忙一场。

有些人说，我追求金钱。诚然，每一个人都需要钱，因为它是我们生活的保障。可是，如果在赚到钱后希望再多一些、更多一点，最后就会变为纯粹是为了赚钱而赚钱，失去原本的生存意义。

有的人说，我追求速度。可是，现代社会高强度、快节奏已经让人们疲于奔命，甚至有些人的身体已经是超负荷运转，在追赶速度的过程中已经疲惫不堪，你难道依然要追求高速度？

有的人说，我追求事业，追求成就感、卓越感。可是，当事业发展到一定高度，再没有竞争对手的时候，他也许也会觉得寂寞无聊。

……

对物质名利的过度追求，会让一个人失去平和的心态。很多人一生都在追求事业的不断超越与财富的不断积累，到最后才发现，为之努力拼搏的结果却不是自己想要的，因为这个结果并没能给自己带来心灵的充实与愉悦。

人正在追求的未必是自己真正想要的东西。开始的时候，或许你不知道自己究竟想要的是什么。但是随着奋斗的脚步，人生到了一定阶段，必须问问自己：我真正想要的是一种什么样的生活？因为：我们只活一辈子！

爱与被爱哪个更幸福

爱与被爱只在一念之间，失去的永远存在于我们的记忆中，不管今生偶遇了谁。

泰戈尔说："世界上最远的距离不是生与死，而是我站在你面前，你却不知道我爱你。"这句广为流传的话，道出了大多数人对爱与被爱的感受：我就站在你面前，你却不知道我爱你；你爱我并站在我面前，我却不知道如何去接受，如何去爱。

一直以来，人们都想搞清楚，爱与被爱，哪个更幸福？其实，在爱的世界里，是没有高低贵贱的，爱与被爱都是平等的，爱与被爱都是幸福，爱与被爱相辅相成。

爱情就是一颗糖，但在每个人的心中，味道是不一样的，既可以是带着水果味的奶糖，也可以是带有丝丝凉爽的薄荷糖，还可能会是那酸酸的话梅糖。不管入口时是什么味道，到最后都会让自己甜到心房！

有一对新婚夫妇。

在执行任务，缉拿毒贩的过程中，丈夫不幸受伤，成了植物人。于是，妻子开始了寻找灵魂的道路。妻子每天都会做可口的饭菜拿到医院陪他吃。丈夫没了意识，根本无法进食，可妻子依然执着，哪怕只是在给自己做。

每天妻子都会写一封信给丈夫，写他们的相识，写自己的相思，写对他的期望与鼓励。就这样，信很快就溢满了抽屉，细细点数，转眼已是六百多个日夜。

在丈夫成为植物人后的第二个中秋，妻子像往常一样，提来饭菜，坐在他的病床旁，边吃边给他讲那些过去快乐的日子。面对着那面无表情的脸，妻子的眼神却是含情脉脉。突然，丈夫的手动了一下，妻子惊异地望着他，原本没有表情的脸上也浮现出幸福的微笑。

在被许多人认为这是一个不可能实现的奢望之后的第六百天，丈夫用绽放的生命反驳了这一点。丈夫恢复得很快，当他第一次拿到纸和笔，便笨拙却又急切地颤抖着，写下几个字。过程很艰难，字体也相当难以辨认，可是，最终妻子还是看清楚了，那几个字是“映珍，我爱你”。

这个妻子就是2007年中国道德模范评选中孝老爱亲的表彰代表——罗映珍。颁奖词中这样写道：“是你用人间大爱诠释着生活的真谛，用人间的至情，显示着超越平凡的勇气，无论天荒地老，无论沧海桑田，是你们的一颗颗赤子之心见证了中华民族五千年血脉相承的荣光。”

罗映珍只是一名普通的女子，她从来没有想过要去传承什么样的文化责任，什么样的民族传统。她记得的，只有那“生死契阔，与子同老”的诺言，只有那“山无棱，天地合，冬雷阵阵夏雨雪，乃敢与君绝”的旦旦盟誓。靠着倔强、坚韧、决心、执着，她等到了这一天。病床上的丈夫，感受到了爱的力量，坚强地醒来。在口不能言、身不能动的日子里，他可以听到映珍的祈盼，在心中已默念了千万遍的话语，终于能够说出来。

相较于苍茫世界，罗映珍也就是沧海一粟。但这一粟却激起了浩渺波澜，让我们在繁忙劳碌的辛苦中有充足的理由相信，爱与被爱都很幸福。

有人说，爱让一个人低声下气，爱上一个人会让我们失去自己；谁爱得多，谁就输得多！可是，在爱的世界里，男女之间，并无高下之分，谁更爱谁，谁付出更多一些……这些，对于我们来说，都无关紧要。只要在两人相爱时，全心全意地付出，就会无悔今生缘。如果想爱得幸福，就要珍惜彼此的爱，善待对方的爱。

在一生中，能碰到让自己真正动心、心甘情愿付出感情的人能有几个？说不定永远都碰不到，真心能换真心，相信彼此之间的感情，一切都是为了爱！

第十七章　成功就在失败之后

因为疼痛，所以深刻

关于牛郎织女的故事，我想，每个人都听说过。

王母娘娘的外孙女织女下凡来到人间，遇到了牛郎，两人一见钟情，彼此相爱。之后，他们秘密结了婚，并且生活得十分幸福。当王母娘娘知道这一事情后，勃然大怒，强行把织女带回了天宫。牛郎试图追上去，却被银河阻挡住了。看到织女伤心欲绝，王母娘娘决定让这对夫妻每年跨过银河相会一次。从那以后，每年的阴历七月初七，喜鹊们都会展翅搭桥，让这对恋人过河相会。如果这天下雨，就意味着织女在哭泣，两个恋人不能见面。

如果你曾经深爱过，肯定品尝过心痛的感觉！当心痛的感觉悄然降临的时候，你无法拒绝，更无法躲藏，唯有默默地忍受心痛给你带来的痛楚与悲哀……真正爱上一个人是一件非常不容易的事情。当生活无意中让你和对方相遇时，当理智战胜不了感情的盲目时，也许你已经爱上了对方！

什么是爱？什么又是无奈、无言的相对？想爱，不能爱，不敢爱，这是一种什么感觉？万念俱灰，支离破碎，这又是一种什么样的情？世上最伤人的就是感情，可是任何一个人都不可能做到无情。就这样，在脑海中想着，念着；在回忆中忧着，喜着；在红尘中爱着，恨着；在俗世中伤着，痛着……爱上了不该爱的人，必然会充满眼泪与忧伤。因为爱，所以痛；因为痛，所以印象深！

一个满脸愁容的人来到智者的面前：“智者，我爱人的心不在我这儿。当初我们可是心心相印的，现在我什么都没有了，该怎么办?”

“你还爱她吗?”

“爱!”

“她还爱你吗?”

“……”

“别难过，你只是失去了一个无心的人，而她却错过了一个有心的人。”

那个满脸愁容的人何尝不是你我呢？面对爱的变故，有多少人是智者？很多人都固执地认为，爱一个人，就要携手共度风雨，疲惫时，有个坚实的肩膀靠靠；愉快时，有个识趣的人乐乐。这固然是一种美好的状态，但却不能把它当作标杆。

爱没了，情枯了！拥有时，我们要珍惜；失去时，我们也要潇洒地放手。爱不在，情就远离了。一味地怨天尤人，只会伤害自己，对方是茫然无知的，即使有知，也不在意。面对无心，还有伤心的必要吗？

因为深爱，所以痛苦！如果爱，就会有许多伤心的理由。这是一个忘不了、逃不脱的命题，需要智者用自己的智慧去证明。

嫉妒的级别

如果另一半叫错了你的名字，如果他的眼睛在你的闺蜜身上停留了太久，如果他一提起某个女同事就兴奋不已……这时候，在你的心中，妒火就会因此点燃。嫉妒——占有、猜忌、怒火与耻辱的综合体就会让你失去理智，每当想起那个“情敌”，强烈的威胁感就会如狂风骤雨般向你袭来。

男人和女人都是善妒的动物——虽然女人会努力挽回男人的心，而男人看上去则更看重金钱与地位，会为了保护自尊和面子而放弃爱情。每当一段爱情开始的时候，嫉妒便会无时无刻不盘踞在当事人的心中：无论是爱得疯狂，还是随意妄为，甚至你并不怎么喜欢对方。人类如此，动物界也是如此！

故事一：

一只雌性黑猩猩叫作帕森，如果伴侣忽视了它，开始追求另外一只雌猩猩的时候，帕森就会对另外一只雄猩猩扭起屁股，摆出经典的（对猩猩来说）“到我这儿来”的姿势。

帕森就是通过这样的方式来侮辱它的伴侣的。

故事二：

进化生物学者戴维·巴拉斯用一对育龄蓝知更鸟做了一个实验：

趁着雄鸟离巢的时候，将一只雄性知更鸟的毛绒玩具放在距离鸟巢3米的树枝上，雌鸟就在那里休息。

雄鸟返回时，看到这一幕，在鸟巢上空不停地盘旋，发出吼叫声，愤怒地啄向情敌。然后，雄鸟便对雌鸟发动了攻击，扯掉了雌鸟翅膀上的羽毛。雌鸟不得不逃走。

恋爱中的嫉妒心理，是占有欲的一种表现。在嫉妒者看来，既然你我相爱，你就是属于我的，一切必须以我为核心；否则，就是对我不专。他们以爱情具有排他性作为理论依据，为自己的嫉妒心理辩护。

的确，爱情需要忠诚和专一，但忠诚专一并不等于一方对另一方的“占有”。随着交往的深入，男女双方产生感情后，就会开始比较注意对方的言行举止，而一些细小的事情或行动，常常容易招来疑惑、引起嫉妒。有一对恋人就是这样：

一天，男人下班路上遇到以前的一位女同学，恰好同路，就边走边交谈起来。女朋友知道这件事后，妒火顿生，怀疑恋人同他的女同学有暧昧关系，不管男人怎么解释，女友都是不依不饶。终于，这股妒火把她和男朋友纯真的感情烧毁了。

恋爱中，见到自己的恋人与其他异性接触，或听到恋人在自己面前谈论其他异性的好话，很容易引起嫉妒、猜疑，应当说这是爱情排他性的一种正常表现。这时，如果被猜疑者对恋人提出批评或表示不满的话，被批评的一方就会立刻由怀疑变成百分之百的肯定。在这种情况下，她（他）就会产生一种“缠住他（她）”的心理，企图以此减轻自己内心的不安；恋爱进入后期时，更容易产生的一种嫉妒。

恋爱中的嫉妒心理，在男女双方中都存在，但表现形式不同。同样是因为另一人的原因影响了他们的恋爱，女方会把所有的愤怒都发泄在另一个女性身上，认为是她破坏了他们神圣的爱情，甚至设想如何对那个女性进行报复；而男方更多的则是对女友发泄，骂她水性杨花，感情不专。

许多事实说明，嫉妒是对爱情的一种破坏，是笼罩在恋人间的一层阴影。嫉妒发作时，人们往往会失去理智，很容易做出后悔莫及的傻事来，比如，造谣中伤无辜的异性，自杀、杀害恋人等。因此，恋爱中的嫉妒心理虽然是对恋人钟情的一种极端表现形式，但由于它经常会对爱情产生危害，是应当积极克服、杜绝的。

1. 避免让嫉妒心影响到自己

当你产生嫉妒的心理时，就会与对方开始争执或是说一些负面的话。其实，那些都不是你心里真正在意的事情。如果能够意识到这点，就不会让嫉妒心影响感情了。

2. 从旁观者的角度看事情

想象一下，如果现在你不是自己，而是你的男（女）朋友，当你听到这样的事情时会有什么反应？是觉得对方怎么能这么做，还是认为这些都只是在大惊小怪？抛开你和男（女）友之间的感情，试着用第三方的角度去观察，可以帮你理清自己的情绪、用更理性的态度面对事情。

3. 减少胡思乱想，对感情充满信心

如果你觉得自己的男（女）朋友在跟另一个女（男）生调情，但还不确定，这时候就要先想想你们两人在这段日子建立起来的紧密关系。

每个人都会跟别人调情，有时候甚至是不自觉的。想想看，在自己身上，也许也能找到类似的例子。其实，这样做，大多时候并不表示他不爱你了；反之，他对你的爱一丝一毫也没有减少。与其因为嫉妒之心跟他闹翻，不如自己先冷静思考一下两人的未来，然后再用更理性的方式与对方沟通。

4. 不存在的幻想，别当真

当你怀疑男（女）朋友可能喜欢上别人时，并不表示他们确实已经出去约会过、上过床，甚至开始计划要如何把你给甩掉。如果没有任何证据，纯粹是自己的心里在猜测，就不要再让自己胡思乱想了！可以将自己的担心直接和男友（女）说清楚，即使可能会让他觉得不解，也好过你一

个人在那边焦躁不安。

5. 是不是有其他的深层原因

有时候，你之所以会产生不开心、吃醋忌妒等情绪，仅仅是因为某件事让你不开心，比如，忘记你的生日、对你的事业不够支持。这时候，就要多想想，不要贸然行事。

6. 想办法缓解这种状态

如果发现自己已经出现了嫉妒心，大可不必大吼大叫，可以告诉自己“对，我现在正在气头上”，然后，深呼吸静待，观察这样的情绪有没有慢慢缓和的迹象。

7. 过去的经验不一定适用于现在的这段感情

也许，你之所以担心另一半会背叛你，是因为曾经被上一任这样欺骗过，或是因为身边的人有过这样的经历。可是，每段感情都是不一样的，如果你无法用信任的态度面对自己的情人，即使将其丢上审判台，对他来说也是不公平的。每对恋人的分开都是有原因的，若要走下去，需要的是百分之百的信任与坚持。

8. 对自己有信心，对他有信心

有些人觉得，自己之所以会有嫉妒心是因为，总觉得自己不够讨人喜欢，或是认为另一半比自己还要好。这种想法一点也不对！要相信，自己是个非常值得他人去爱的人，即使有缺点，依旧可爱迷人。不要让那些不安的想象影响了你们之间的感情，无论他是不是觉得别人可爱，你的美也不会因此而变少。

让爱成为一种习惯

爱情本身就是一种习惯，当你已经习惯了一个人的时候，千万不要轻易换掉你的爱人。

爱情不是工作，丢了工作，还能再找一份。一旦将爱情丢了，就再也找不回来了；即使能够找回来，也不是原来的爱了，爱你的那个人也不是原来的那个人了。相比之下，失去一个人与丢掉一份工作，孰重孰轻想必人人都知晓！

李梅长相靓丽、身材高挑、秀外慧中，大学毕业后，拒绝了很多优秀男孩的追求，最后选择了一个毫不起眼且个子矮小的同事。许多人都觉得不可思议，就连她的闺密也表示不理解。可是，她自己却很坦然，在众人疑惑的目光中，披上婚纱与先生走进了“围城”。

多年以后，同学聚会的时候，他们才发现：李梅并没有如他们原先所想的那样，被困在一个庸碌无为的圈子里，憔悴不堪；而是依然光彩照人，甚至比以前还多了一份成熟的雍容和深刻。

李梅和丈夫手牵手地向众人走来，让在场的每一个人都怦然心动！李梅告诉大家：“我老公虽然不是最优秀的，有许多缺点，但这些在我还没有接受他的时候就已知道；我愿意将自己的感情托付给这个在我遇到挫折的时候默默地帮助我、在我失意的时候热情地鼓励我，并且从不索取任何回报的男人。”

如果有一份执着而持久的感情和一份金玉其外瞬间即逝的“感情”，你会选择哪一种？世界上有许多出色的男孩，美丽的女孩也不计其数，可是真正属于你的感情只有一份；千万不要因为别人的眼光而改变了自己的挚爱，不要活在别人的眼光里而失去了自己！

感情不能贪心，也不是梦想。如果认为爱情是十全十美的，不是诗人，就是白痴。所以，要用心来守候属于自己的、并不惊天动地的爱情，虽然有时也需要等待，可是之后便是一生一世的相守。

周霞是个温柔的女人，从恋爱到结婚，她一直都用宽容的爱宠着丈夫，因为她认为，只有她才是了解他的。她原谅着他的暴躁和反复无常，她一次次地用自己的眼泪来洗刷所受的伤痛。终于，在一次激烈的争吵后，他们去民政局办了离婚手续。

之后，周霞搬到不远处的母亲家。经历了这场浩劫般的感情挫折后，只有母亲才能收容她那颗破碎不堪的心。可是，仅仅过了一周的时间，周霞就发现，自己变得恍惚起来，仿佛丢了一样很重要的东西，认真地去想，却怎么也想不起来。

一天下班回来，在暮色里，周霞竟毫无知觉地将自行车骑到了原来的家门口，并顺手推门走了进去。在前夫惊诧的眼光里，她恍然发觉，她一直还在想着家、想着他。

破碎的感情不可能再挽回，周霞这样告诉自己，并努力让自己变得坚强和冷漠起来。她告诫自己：他是不值得自己去爱的。但在她走错门之后的一个周末，她独自去菜市场买菜后，又推开了那扇最熟悉的家门，又看见了那个最熟悉不过的人。

男人正蹲在门口闷闷地抽烟，面容憔悴。那个下午，周霞没有再回母亲的家，而是为他做了满满一桌子的菜。第二天，他们复婚了。现在，他们仍然像无数个平凡的夫妇那样生活着，他的毛病没有改变多少，而她也依然像过去一样爱着他。她是习惯了！

当爱成为一种习惯，再怎么不公平的对待也只是无谓的考验。无论躲到哪里也躲避不了身体的痛楚，还不如停留在原地，任凭所有的苦痛尽情地压来。当爱一个人成为习惯，他就成了你心底最柔弱的那一部分，成了你的致命伤，成了你无法躲也不想躲的牢笼。

在最初的时候，恋人通常都并不完全了解对方的喜好，亦不知对方的品性，只是在彼此面前乐于表现自己的优点，而把缺点隐藏得比较好。一方面，在朦胧的爱的意识里，我们本身就看不到对方的缺点，无论对方做什么，都会顺从得如同一只小绵羊。因为在彼此的眼里对方都是美的，这就是所谓的爱的完美篇。

随着时间的推移，当两个人对彼此有了初步的了解后，给对方的感觉就会与最初有所不同，有人就会开始指责对方的不是；慢慢地，彼此有了透彻的了解，生活里的一些小摩擦、小矛盾就会慢慢出现。磨合期一过，彼此也就慢慢接受了现实……生活中有些习惯一旦形成，要改变它，真的很难！

第七部分　培育的觉醒

教育孩子如育花，精心浇水、施肥、呵护，方能成功。但事实上，并不是所有人都能养好花，不懂的就要向别人请教，学习养花的经验与艺术。

——舒天丹

第十八章　灵性的力量

孩子的天赋在哪里

每个孩子都是有天赋的，正是因为每个孩子的天赋不一样，世界上才会有各种各样的人才：有补皮鞋的，有卖猪肉的，有修自行车的，有修汽车的，有医生，有科学家，有音乐家，有舞蹈家……每一个人都在用这种与众不同的天赋维系着这个世界的丰富多彩。

故事一：

儿子从小就非常聪明，灵气十足，不仅成绩优秀，才艺方面也颇具天赋，音乐、下棋、美术等，学什么就会什么。儿子为父母争了光彩，也是亲友们夸奖和羡慕的对象。

为了对儿子进行重点栽培，父母投入了更多的时间和金钱，不仅为他选了一所好学校，课外还会花重金带他到处拜师学艺。在这种高期待、高压力下，直到高中毕业儿子都非常出色，之后便考入了人人向往的清华大学，父母更为之自豪无比。

可是，从大学毕业后，儿子却什么事都不想做。他告诉父母："我已经向你们交了差，你们有了个清华毕业的儿子，够有面子了。但是，我从小就在高压力下生活，如今已经筋疲力尽，该让我放松一下、按自己的方式生活了！"

于是，一直到现在，这个清华“避业生”到处闲荡而无所事事。

故事二：

儿子的学习成绩一般，也没什么突出的爱好。父母没有施加给他过多压力，只是经常鼓励他：“好好努力！你一定会成为你想成为的人！”一有空余时间，就鼓励儿子参与轻松的课外活动。

儿子没有被父母迫使着奔忙于上课外辅导班，接触了更广泛的项目，获得综合知识技能，找到了自己喜爱和擅长的领域，培养了自信、自立和自强精神，懂得要靠自己的努力取得成绩。渐渐地，他在学生中表现得很突出。

正可谓“有心栽花花不开，无心插柳柳成荫”！其实，栽花和插柳都得根据季节、环境和品种、特性，适时适宜地栽种，既不能盲目地瞎种，也不能揠苗助长。

孩子的个性、特点不同，家长得用不同的方式来区别对待。可是，教育方式虽然可以多样化，但出发点和机会却应该是公正平等的，也就是说不能“偏向”。如今，很多家长都喜欢聪明能干的孩子，尤其是所谓的“神童”，对于表现平庸或有缺陷的孩子往往不屑一顾。

如果一相情愿地让孩子学这补那，孩子反而会不领情。如果孩子有生理缺陷或行为问题，不但不能放弃他们，反而应该付出更多的心血来关怀和培养他们，为他们创造与正常儿童相同的机会。

美国哈佛大学心理学教授霍华德·加德纳通过研究认为，人的基本智能可以分为八种类型：语言智能、逻辑数理智能、音乐智能、空间智能、运动智能、人际关系智能、自省智能和自然观察者智能。但是，它们并不是时刻都可以在孩子身上得到体现，父母要在日常生活中全面、细心地观察孩子，挖掘出他的优势智力并适时地加以引导。

以下，罗列出了孩子在日常生活中的20种表现，千万不要忽视了这些表现，因为它们正是孩子潜在智能的体现：

（1）善于用语言描述所听到的各种声响。

（2）常给孩子朗读故事，如果更换了里面的某个词，孩子就会说“读错了”，并加以纠正。

（3）喜欢对人讲故事，而且讲得绘声绘色。

（4）喜欢提些怪问题，如人为什么不会飞等。

（5）喜欢把玩具分门别类，按大小或颜色放在一起。

（6）喜欢伴随乐器的弹奏唱歌。

（7）喜欢倾听各种乐器发出的声响，并能根据声响准确地判断出是什么乐器。

（8）能准确地记忆诗歌和电视里经常播放的乐曲。

（9）善于辨别方向，极少迷路。

（10）乘车时，对经过的站名或路标记得清清楚楚，并向你提起什么时候曾经来过这个地方。

（11）喜欢东写西画，形象逼真地勾勒各种物体。

（12）喜欢自己动手，很多东西一学就会。

（13）特别喜欢模仿戏剧或电影人物的动作或道白。

（14）善于体察父母的心情，领会父母的忧与乐。

（15）落落大方，动作优雅，懂礼貌。

（16）看见生人时会说“他好像某某人”之类的话。

（17）善于把行为和感情联系起来，如说“我生气了才这样干的”。

（18）善于判断该做什么、不该做什么。

（19）善于辨别出物体之间的微小差异。

（20）喜欢摆弄花草、逗弄小动物，而对一般的玩具兴趣不大。

测试分析：

孩子第（1）、第（2）、第（3）条表现突出——具有语言才能。

孩子第（4）、第（5）条表现突出——有逻辑、数理方面的天赋。

孩子第（6）、第（7）、第（8）条表现突出——是个音乐苗子。

孩子第（9）、第（10）、第（11）条表现突出——有丰富的空间想象能力。

孩子第（12）、第（13）条表现突出——具有较高的身体运动智能。

孩子第（14）、第（15）、第（16）条表现突出——在人际关系方面的智能较好。

孩子第（17）、第（18）条表现突出——有着良好的自我认识能力。

孩子第（19）、第（20）条表现突出——自然观察者智能明显地具有优势。

每一个孩子都无可替代

世界上飞翔着无数的蝴蝶，可是没有一对蝴蝶翅膀的图案和颜色是绝对相同的；天上飘浮的无数云朵，也没有一朵是重复一致的……世界上的孩子也都是独一无二的！每个孩子的性格、心智、聪明程度、领悟能力，包括健康程度、发育程度，甚至家庭所处的环境都不尽相同，所以千篇一律的教育方式不一定就适合每一个孩子。

有两个孩子，一个男孩，一个女孩，他们虽然是亲姐弟，但是他们的性格和习惯却大相径庭。

女孩是个独立、自觉、自制力强的孩子，学习也比较自觉。四年级之前，也需要妈妈管一管，询问一下作业的情况、考试的准备、学校里的事情；可是，五年级以后，基本上就不用妈妈管了。当她考试成绩不理想的时候，她就会告诫自己，不能再这样下去了，下次要努力，她是个越战越勇、敢于挑战的孩子。对于女孩，妈妈只会在需要的时候，给她最多的鼓励，告诉她“你很棒，我很欣赏你，我为你自豪”，很少会在她身边督促、监督她。

男孩却完全不同！男孩跟姐姐一样聪明、好动、喜欢研究很多机械，对大自然、小动物、物理化学的实验感兴趣，但是对于理论的学习，却很缺乏耐心，而且没有规律性，成绩好的时候，他就积极、成绩不好的时候，他就谴责自己，需要妈妈经常鼓励、陪伴他。对于学习，男孩缺乏耐心和自觉性，只有遇到自己喜欢的学科和问题，注意力才会非常集中。

男孩的自理能力不强，丢三落四，粗心大意，大到夹克、运动衣，小到铅笔、橡皮经常都会丢失。有几次，他甚至还因为忘记了拿体育课用的运动鞋、运动衣裤，只好坐在一旁看其他同学玩耍。

通过两个孩子的比较，很容易得出结论：孩子与孩子是不同的，不仅不同性别的孩子之间有不同，就连亲兄弟姐妹也存在情商、智商上的差异，所以教育孩子的时候一定要因人而异，不能复制，不能照搬，重要的是孩子自己的感觉。

现在，很多孩子失去了快乐的童年，从三岁起，就背上了学习的枷锁和负担，人生不同阶段该享受的内容都没有享受，这样的人生，即使是今后坐拥千万、光环照耀，又有什么用？即使孩子今后只是一个工人、一个农夫、一个普通人，又何妨？

每个孩子都是不同的，如果孩子学习或者动手能力稍微弱一些，想象能力和理解能力稍微差一些，就要鼓励孩子的创造力和理解力，开发他们的主动思考精神，不能停留在对孩子的成绩和考试分数的观察上。

教育的功能是使每一个人平等地获得获取学习知识的机会，而不是强制每个人都成为成功人士或者有义务成为成功人士。孩子们都很普通，没有义务为了父母的期待或者社会的压力，而一定要有所成就。孩子的义务是健康快乐平安地长大，通过学习的途径来获取知识与生活常识，慢慢地积累人生经验，完成整个人生的过程，不应该背负社会的期待、家庭的厚望、族亲的寄托，不应该肩负压力地被迫学习与生活……他们没有这个义务去承担这一切！

第十九章　培育的偏见

重视理由

在教育孩子这件事上，很多家长非常重视理由，比如，当老师让孩子背诵《三字经》时，家长会问，这对孩子有什么好处？当看到很多家长都带着孩子报辅导班的时候，也会先问一句："学××对孩子有哪些好处?"凡此种种，只说明了一点，家长的功利心太强！

每周六上午，周婷都要带孩子去学书法。最近，书法班举办了一次书法展览，上课的时候，老师都要对展览的作品进行点评。

这天，一上课，老师便从一堆作品里拿出一个12岁男孩写的作品——"国富民强"。"这几个字对于大家来讲再熟悉不过了，"老师解释说，"他的这个作品曾经参加了两次书法比赛活动，还得过××奖。"周婷一面欣赏着孩子的字，一面感叹这个孩子的了不起！

这一节课，孩子学得很认真，可是周婷却什么也没听进去，她一直都在想着老师表扬的那个孩子。"我的孩子什么时候才能像那个孩子那样呢?"周婷决定对孩子进行强化训练。

回到家，等孩子预习完第二天的功课后，周婷对孩子说："好好练习书法，妈妈希望你可以像那个小哥哥一样，写一手好字，然后参加比赛，得个奖。所以，你以后一定要刻苦地练习，上课好好听讲，把写好的作品多让老师看，然后让老师给你指点指点。”

周婷的话还没说完，孩子就已经听不进去了。“妈妈，”孩子打断她的话，“让我学书法是为了什么啊?”

是啊，当初让孩子学书法的时候，只是想陶冶孩子的情操，使其具备良好的气质与素质。可是，怎么一看到别的孩子被表扬，而自己的孩子默默无闻，就要让孩子获得名次呢?

中国古语有云：“吃得苦中苦，方为人上人!”可是，苦的经历与人上人的结果，并不是刻意为之、费力追求而得到的。这句话只是对我们每一个人的鼓励与劝勉，特别是对年龄尚小、心理承受能力尚脆弱的孩子来说，更应该多给他们希望，让他们不懈地努力。

作为父母，千万不要一门心思地希望自己的孩子通过学习绘画、书法、舞蹈等取得胜于一般人的成功。如果按照专业人士的标准，严格要求自己的孩子，不管父母有没有功利心，孩子都是在以累的状态来应付，不仅孩子在技艺方面无法得到提高，心理上也得不到放松。

以一种健康的、陶冶性情的方式，来让孩子争名逐利，或是仅让孩子技高一筹，对孩子来说都是不公平的。面对日益繁重的课业压力，再学自己不喜欢的东西，不仅不能释放孩子的紧张情绪，反而会增加孩子的压力，得到学习和“爱好”的双重打击。

几年前，一个少儿绘画辅导班去山西太原、大同、平遥等地写生，家长同往。

绘画老师经常会将孩子们带到风景名胜地，给他们讲解绘画时的注意事项，然后就让孩子们支起画夹，各自去画，画完之后再一一指导。

孩子画的虽然是同一处风景，但每个孩子笔下的风景却不一样，有的好一些，有的差一点。一位妈妈看到自己的孩子画得不如别人好，十分生气，上前就踢了孩子一脚，说："你画的是什么呀！你看人家怎么画的，太丢人了！"

绘画老师赶紧上前劝阻："你不能这样。那个孩子已经学三年了，你的孩子才学半年；人家孩子 11 岁，你的孩子才 8 岁。两个人的画画水平怎么能一样？你要比，就跟她自己比。她现在画的，是不是比半年前画得好？"

这位妈妈说："是，但进步太慢了！"

绘画老师说："有进步就好！这么大的小孩子，你就要求她进步神速，怎么可能？"

听完绘画老师的分析，妈妈才消了火气。

大量的事实告诉我们，教育心态比教育方法更重要。现代社会，很多人都心浮气躁，不管做任何事，都抱着功利的态度。一些家长自觉不自觉地就用功利心教育自己的孩子，结果常常是事与愿违、徒增烦恼。家长只想让孩子在才艺上不输于别人，却没有考虑其他的情况。这种盲目攀比的心态，看似是对孩子学习的严格要求，实则是出于严重的功利心！

追根溯源

家长对育儿出现偏见，主要是思想在作怪。家长对孩子的教育上存在以下错误的认识。

1. 重分数，轻能力

许多家教最明显的误区之一就是，把分数当成智力发展水平的唯一尺度，当成孩子学习能力强弱的尺度。可是，分数与智力水平并不是一回事，分数只是反映智力水平的一部分；分数与学习能力也不是一回事！

之所以会出现那么多“高分低能”的孩子，就是由于家长们只抓分数不发展能力所致。许多家长只要求孩子从小拿高分，却忽视了孩子思维能力的培养，舍本逐末，孩子学习没有后劲；许多孩子小学成绩优秀，越到高年级，成绩越差，就是因为学习能力缺乏培养。

2. 不注重培养孩子的自学能力

一些学历高的家长对孩子的学习辅导过于包办，孩子的学习稍微遇到一些困难，家长就帮助解决，无形中就让孩子在学习上依赖父母，这是不利于培养孩子的学习能力的，也不利于孩子养成良好的学习习惯。

家长指导孩子的学习，目的是最终放手，不是为了背着孩子一辈子。事实证明，孩子对家长的辅导越依赖，到高年级阶段就越吃力。家长应让孩子掌握学习方法，培养孩子自学能力与独立钻研的精神。

3. 重身体健康，轻心理健康

很多家长对孩子的心理健康不重视，对孩子身体健康却关注过度。如果家长对心理知识一无所知，就无法了解孩子的心理需要，对孩子的心理隐患也不知如何预防、消除。而许多科学调查研究显示：我国大中小学生患心理健康问题的，占有一定比例。孩子的心理发展关键时期，一是儿童时期，二是青春期。在儿童期，父母与孩子的关系如何，对孩子的心理早期培养有着重要的意义。在青春期，父母如果不能帮孩子处理好一系列冲突，最容易使孩子发生各种心理障碍。

4. 对孩子过度期望并付出极大代价

“望子成龙”是中国父母的普遍心态，许多家长都希望孩子进好学校、上名牌、考研、读博、出国深造等。父母对孩子的期望值很高，为此也会

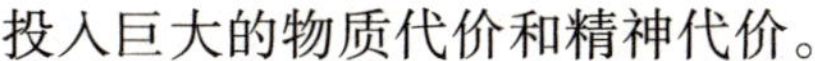
投入巨大的物质代价和精神代价。

对于很多家庭来说，孩子的学习状况、考试分数是夫妻关系、家庭氛围的晴雨表，许多夫妻间的争执都来源于对孩子教育方式的不同观点和看法。家长对孩子过度投入，对孩子也会抱有极高的回报期望，一旦孩子表现不尽如人意，父母就会出现心理落差，情绪失衡。

5. 不对孩子因材施教

“因材施教”是一条古老的教育原则，也是一种教育方法，应根据孩子的具体特点对他们进行适当的教育。孩子的发展有各自独特之处，存在着个体间的差异，比如，发展速度的差异、思维类型的差异、兴趣爱好的差异……

如果家长不研究自己孩子的特点与长处，盲目地与别的孩子进行比较：用孩子的弱点比别的孩子的优点，用贬低孩子的方式去刺激孩子的自尊心，总是认为别的孩子强，就会使孩子逐渐丧失学习的主动性与积极性。

6. 违背孩子成长发展的自然规律

孩子发展有自己的规律，身体发展如此，智力、心理发展也是如此。如果家长缺乏家庭教育基本理论，不了解孩子的成长规律，采用“揠苗助长”的方法，是无法达到家长所希望的预期效果的。违背了孩子发展的规律，孩子生理发展与心理发展不同步，孩子在成长过程中就会出现很多困惑；如此，即使付出了大量时间与心力，也会事与愿违、耽误了孩子。

7. 家长不重视自我学习

家长承担了教育子女的职责，如果不注意学习教育知识和教育方法，家庭教育完全随心所欲，高兴就对孩子好，不高兴就对孩子发泄情绪，孩子就会形成很多不良的品质与素质。

教育孩子是一门科学，也是一门艺术，仅凭良好的愿望和强烈的动机并不能达到预期的教育效果。家长必须提高学习意识，提高自我教育素质，努力成为合格尽职的父母。

8. 惩罚多于表扬，滥用惩罚

许多家长对孩子的教育方法只懂惩罚：讽刺、挖苦和体罚，认为这样才能使孩子不再犯错误。对孩子优点往往轻描淡写，甚至视而不见；对孩子缺点却揪住不放，只看见孩子缺点，导致惩罚多于表扬。

其实，惩罚是一种极为消极的方法，是非常不利于孩子自我成长的。如果孩子因学习问题多次遭到惩罚，就会厌恶学习、回避学习。孩子犯了错误，父母应该正确引导，帮助孩子树立自信心，并给予更多的帮助、鼓励，而不是用讽刺、挖苦甚至体罚来代替。

9. 忽视孩子意志品质的磨炼

现在，独生子女教育有一个严重不足，就是：对孩子没有任何意志品质方面的要求，也很少磨炼孩子的意志；凡事宠着护着，唯恐孩子不顺心；较多地存在脆弱、依赖、任性等不良的意志品质，而家长似乎视而不见；无休止地满足孩子的欲望，使孩子的意志品质在无形中弱化……

孩子意志品质的磨炼是家长无法代替的，只能让孩子在一次又一次实践中发展，家长要为孩子创造挫折教育的条件。

第二十章　引导孩子成长

孩子，只是个孩子

生活中，很多家长经常会剥夺了属于孩子的一些美好东西，总是用自己的眼光去审视他们、用对自己的要求去要求孩子，把自我意愿硬生生加在孩子的身上，还自以为是地想：我这是为他好。把孩子当成了和自己一样大的人，忘记了自己也曾经是个顽皮甚至于叛逆的孩子，这样的思想有失偏颇！因为，孩子，只是个孩子！

悠悠过五岁生日那天，来了好多小朋友。大多数小朋友都带来了特制的小礼物，只有一个小男孩是空手来的。因为是孩子之间庆祝生日，小朋友带的无非是一块橡皮、一支漂亮的铅笔……而这个什么也没带的小男孩就显得特别显眼。

吃水果时，悠悠妈端来一盘水果，这个小男孩挑了最大的。悠悠妈心中有种说不出的反感，便转身进了房间。一群小孩子玩到黄昏才散去。

妈妈从房间出来时，悠悠在收拾地上的布娃娃。妈妈原以为，一下午的时间家里会被这些小鬼搞得不成样子，却惊奇地发现所有的东西都像之前一样整齐，妈妈拉起悠悠问："悠悠，今天没带礼物的小朋友是谁呀？"

悠悠想了一会儿："没带礼物？不记得了。"妈妈心想：没收到礼物都不记得，于是进一步提醒她："就是吃水果时，第一个挑最大的那个。""哦，那是浩浩！"

悠悠跳了老高，妈妈又问："你们是好朋友吗？"悠悠使劲点点头："对，我和他最好。"言语间充满兴奋。

妈妈搂住悠悠说："悠悠，以后不和他玩了。"悠悠看了眼妈妈："为什么？"妈妈说："他来庆祝生日连礼物都没拿，吃水果还挑最大的，这孩子太有心机。"

悠悠不明白心机是什么意思，只是一脸阳光地笑："妈妈！我上幼儿园忘带用具时都是浩浩送我的，而且今天那个最大的水果他给了我呀！"

妈妈一时间不知道说什么好。悠悠又补充说："还是他帮我收拾房间呢！"妈妈觉得错怪人家了，也许这是自己想多了。

通过上述故事，我想说的是，孩子毕竟是孩子，他们是不同于成人的一个群体，我们要抛开自我"本色"来体验他们的内心感受，尊重他们的精神世界和精神活动，不应该用成人的眼光来看待他们。

星期天晚上，李女士和十岁的儿子明明一起看电视台模特大赛。台上，一个个亭亭玉立的美女，在时而优雅、时而欢快的曲调中，走着猫步，在T型台上摆弄着各样撩人的姿态。李女士回头看看，儿子倒是看得津津有味，十分投入。

电视上，屏幕的灯光忽然暗了，模特们穿着三点式出现在屏幕上。这时候，李女士有点坐不住了，十分后悔不该让儿子看这类节目。

回头看看，孩子却看得十分起劲，一边看一边对她说："妈妈，你看这些美女，真养眼。”几乎下意识地，李女士顺口问道：“怎么养眼呢?”问完，她就后悔了，这不是在引着儿子走“下坡路”么?

儿子说：“妈妈，你看这些魔鬼身材，能不养眼么?”孩子还知道魔鬼身材！李女士索性继续问道：“什么叫魔鬼身材呀?”儿子说：“您看看她们，再瘦下去，就只剩下骨头了，这还不是魔鬼呀!”

我的天，原来是这样的魔鬼身材，李女士白紧张了半天，赶紧接着说：“你可不要学她们，太瘦了会影响健康的。以后吃饭可不要挑食，太胖了不好，太瘦了也有问题。”

做家长的，常犯的一个毛病就是用成人的眼光和思维看孩子。本来是自己想歪了，却担心孩子“学坏”。遇到这类问题，要么把孩子的眼睛捂住，防范“视觉污染”；要么大声呵斥，一听孩子说魔鬼身材，马上打断，然后教育孩子不能这样，不能那样。其实，孩子的思维都很简单，更多的是模仿。

某著名儿童心理学教授曾说过，幼儿园的孩子会模仿电影里的动作接吻拥抱，家长们不必少见多怪，更无须大发雷霆。因为孩子的这些动作都只是出于好奇的简单模仿，大人没必要对孩子太较真，不要以成人的眼光来看待孩子。

撇开教育的迷雾叠嶂

当前，家庭教育特别是早期家庭教育，已经引起社会各界的广泛重视，早期家庭教育在儿童的可持续性发展中的独特价值逐渐得到社会的认可。可是，虽然我们已经从很多教训中开始了理智上的清醒，但依然没有在感情上完全接受并且转化为睿智的教育行为。

之所以会出现这种局面，有许多客观因素在起作用，但是家庭教育实践中逐步形成并且隐蔽存在的心理观念和方式方法上的误区，无疑是导致这种情形的关键因素之一。

要想让孩子的心灵自由成长，就要撇开教育的迷雾，改变教育的错误方式。

1. 过分宠爱型误区

有的家长对孩子爱得过分，爱得无原则，事事顺从孩子的要求，替他完成所有事情，孩子什么事情都不必动手。

无限制的爱超过了理智，这样培养出来的孩子，通常都以自我为中心、任性、依赖、迟熟、不能忍耐谦让，也不懂如何自己照顾自己；即使表面看起来柔顺温和，但当孩子长大需要面对难题时，往往可能会出现性格突变。

家长的包办代替是孩子形成性格软弱无能的重要原因之一，如果对孩子百依百顺，不让孩子做任何事情，就会剥夺孩子自我表现的机会，扼杀孩子的能力发展。如此，培养出来的孩子就会自私、依赖，不会有什么出息。

家庭教育一定要坚持理性，否则孩子就会在父母最好的动机下养成最坏的习性。

2. 过分专制型误区

有些家庭，孩子没有自由独立的空间，家长搞一言堂，经常以权威口吻规范孩子的举动、限制他的自由、否定他的想法，信奉“棍棒底下出孝子”。

这样的家庭教育方式，会使孩子长期处于恐慌之中，无法表达自己，只懂唯唯诺诺，使孩子逐渐失去自信，失去尝试新事物的勇气。另外，这种教育方式容易让孩子养成崇尚暴力的心理，凡事喜欢暴力解决，在孩童时期为了发泄不满，会欺负比自己小的孩子；当孩子长大后更可能会对父母心存怀恨，会把以往积压的不满发泄到父母身上。

专制型的家长不仅指家长采用打孩子的方式，也指家长用“我就是对的，你就得听我的”这样高高在上的态度对待孩子。如果父母老是高高在上，在接受批评时，孩子的心理就会感到极度的不平衡，即使你的批评是正确的，孩子也会口服心不服，最后事倍功半。

3. 过度放纵型误区

有的家长抱着“儿孙自有儿孙福”“树大自然直”的想法来教育孩子，对孩子的教育采取听之任之，少加约束管制。

有的家长确实是因为工作很忙，没有时间来管理孩子，尽管他们嘴上常常也说孩子最重要，可是行动上却往往是工作最重要。在孩子心智尚未成熟的情况下，对孩子的教育采取放纵的方式无疑是存在严重风险与过失的。

4. 过度保护型误区

即使孩子具有非常优秀的先天条件，但有的父母也太注重孩子表面的需求，忽略了孩子内在的心理需求：当孩子想奔跑时，如果因害怕孩子摔倒受伤而禁止他跑，孩子便会逐渐养成不好动而好静的习惯，最后导致身体发育迟缓且柔弱多病，心智的发展受到阻滞，性格也会变得胆怯、退缩、缺乏自信、无法独自面对困难。

对孩子外在过度的保护会严重妨碍孩子潜能的发展，家长一定要明白，对孩子关怀应该是心灵上的沟通、安慰和鼓励，而不是行为上的过度干预。

5. 乱发脾气型误区

有些家长喜欢乱发脾气，尤其是在孩子犯了错误或者成绩不好的时候。可是，要知道，家长情绪不稳定、经常爱乱发脾气，会对孩子性格的形成产生巨大影响，容易让孩子的性格变得扭曲、行为变得极端。孩子有可能变得极端反叛、是非不分、缺乏责任感；或是变得自我封闭、缺乏安全感；也可能同样养成爱乱发脾气的毛病。

6. 脸色严厉型误区

许多家长喜欢摆出一副长者的面孔责备孩子，以为这样才是教育；他们对孩子的期望值很高，却又吝啬赞美自己的孩子。可是，这种做法忽视了赞美所带来的奇妙教育效果。

适当批评孩子是对的，但如果把话说绝，就可能引发孩子严重的逆反心理，最终只会导致孩子拒绝接受批评教育。

责备孩子时，要避免使用苛刻字眼责备孩子，即使孩子做得不够好，也要温和地给他提出意见，使他容易接受。孩子在严肃紧张的氛围中是不容易感受到父母之爱的，摆出严厉的脸色，只会让孩子对家长畏而远之。

7. 漠不关心型误区

如果家长对孩子表现出漠不关心的样子，孩子为了引起家长注意，往往会做出各种叛逆的举动与行为，这些举动与行为很有可能会让孩子不幸误入歧途。更有甚者，会让孩子觉得家长从不关心他，令其对人生感到失望，觉得人生毫无乐趣，因而走上绝路。

8. 限制说话型误区

许多家长不喜欢孩子问太多的问题，遇到喜欢问问题的孩子，就会觉得很烦，往往会硬生生地打断制止孩子问问题说话；而当别人问孩子问题时，有的家长却会经常替代孩子回答……这样做，会让孩子丧失练习说话及与人交流互动的机会，会让孩子自我表达的能力变得越来越差，是不利于孩子日后的社会交际活动的；同时，也会让孩子变得越来越不喜欢跟家长说话交流，让亲子关系变得越来越陌生疏远，严重者会让亲子关系变得越来越对立。

9. 嘲笑挑剔型误区

有些家长说话比较刻薄，喜欢挑剔孩子的过失，经常把孩子的缺点与不足挂在嘴边，总喜欢用挖苦嘲讽的字眼训斥评价孩子，如：说孩子“笨手笨脚，比猪还笨”“讨厌鬼、无用蛋”；有些家长甚至还会当着他人的面直接斥责奚落孩子，让孩子感到丢脸，抬不起头来。这样做，会严重伤害孩子的自尊，令其性格变得越来越胆怯、退缩，越来越缺乏自信。

儿童心理治疗专家曾指出，孩子尤其是幼童，最怕的就是出自父母的冷嘲热讽。孩子的自尊心一旦受到伤害，是绝不可能在较短的时期内恢复得了的，往往需要经历一段很长的时间。更有甚者，有些孩子自尊心一旦受到摧残，会永远无法重新建立起来。

10. 夫妻角色颠倒误区

在一个家庭中，母亲应该扮演的是慈母形象，调和好家庭的矛盾，可是当今的妈妈们却无法扮演好这一角色，比如：孩子犯了错误，母亲不会给出善意的提醒，而是伸手打孩子。在家庭中，如果母亲过于严厉，而父亲过于软弱，就极有可能会影响到孩子性格的形成，令其性格变得越来越阴柔软弱，以致走向社会后无所作为。

第八部分　自由的觉醒

自由，通过这伟大而永远的智力的长河，实现不断新生的生命。

——罗曼·罗兰

第二十一章　这辈子，只能这样了吗

觉醒是意识的转化

生命的智慧源于自我意识的觉醒！

你是否见过这样一种现象：偶然翻开石头，下面却生长着幼嫩的小草，它们努力地向石头边缘生长着。为什么？因为它知道，如果要继续生长，就必须接受阳光的照射，于是它会用尽全力从石头缝隙中生长出来。

科学巨人钱伟长曾经是一个文科生，在18岁那年的高考中，中文和历史他都考了100分，但物理只考了5分，数学、化学共考了20分，英文因没学过是0分。学习如此偏科，但他却仍被当年的清华录取。这样的成绩，放在今天，别说是清华，就连普通的高校也只能望门兴叹。

事情远不至此！钱先生进入历史系的第二天，便发生了震惊中外的“9·18事变”。面对侵略者的飞机大炮，钱先生拍案而起：“我不读历史系了，我要学造飞机大炮，要转入物理系。”

物理系主任吴有训不同意入学物理考试只有5分的钱伟长转系，可是钱伟长执着的等候、说服，让吴有训做了有条件的让步：“试读一年，如果数理化有一门不到70分，就回文学院。”一年后，钱伟长终于考到70分。毕业时，他成为了物理系中成绩最好的学生之一。

试想，如果不是这一次转系，中国只能多一个历史学者钱伟长，却少了一代科学大师钱伟长。生活在这个社会中，很多人没有自我意识或意识不够，发现不了自己的优缺点。

古希腊哲学家苏格拉底有一个得力弟子，在临终前，苏格拉底让这个弟子帮他找到最优秀的弟子。可是，这位得力弟子找了半年，也没有找到。

在苏格拉底要告别人世时，对他说："本来你就是最优秀的，只是你不敢相信自己，才把自己忽略了。"苏格拉底最后说："其实，每个人都是最优秀的，差别就在于如何认识自己，如何发挥和重用自己。"

这位弟子自我意识不够，体会不到自己就是苏格拉底想要找的人。只有拥有自我意识，才能引领自己行走在漫长的人生道路上，而不变得世俗。不为五斗米折腰的陶渊明向我们充分展示了这一点！

曾经为了养家糊口，陶渊明来到彭泽当县令。不久，郡太守派来一名督邮来督察。这位督邮粗俗而傲慢，而陶渊明平时藐视功名富贵，不肯趋炎附势，对这种借上司名义发号施令的人很瞧不起，但又不能不见。于是，陶渊明见这位督邮的时候，并没有穿官服。县吏拦着他，要他穿上官服，说："如果督邮乘机做文章，会对大人不利的。"

陶渊明忍不下去，长叹一声："我不能为五斗米而折腰。"于是，取出官印，写了一封辞职信，从此，陶渊明就过上了自由自在的生活。

陶渊明原本可以衣食无忧，但要丧失人格和气节，这与陶渊明对生活的意识、觉悟完全不符，于是他选择了放弃无忧无虑的生活，坚守自我。拥有自我意识，使生活自由自在，活得真实，拥有自我意识，就可以创造出更有意义的人生。

不可衡量的自由能量

什么叫自由？

每个人都向往自由！匈牙利有位诗人曾说过“生命诚可贵，爱情价更高。若为自由故，二者皆可抛”。这里的“自由”主要指的是，革命时代的人身自由，而现代社会，每个人都是有人身自由的，但是缺乏心灵的自由。

对于自由，每个人的解释都不一定相同，有的人认为想做什么就做什么，想说什么就说什么，叫作自由；有人认为，不受影响就是自由……不管哪种解释，都不能忽视了自由的巨大能量！

从前，一位国王带着众人外出打猎，路上遇到一位隐士。这个隐士对国王一点都不礼貌，国王看到了，心里很不高兴，心想：普天之下，莫非王土；率土之滨，莫非王臣。此人如此无礼，得治他的罪。可是，转念又想：我先派人问问，看他怎样答复。

随从去问隐士：“为什么见到我们大王如此无礼？”

隐士回答说：“你们国王是我奴才的奴才，因此不应行礼。”

听到随从的回报，国王更加生气了，可是转念一想：“我还是亲自问个明白。”

国王上前问：“你说我是你奴才的奴才，此话怎讲？如果没有道理，小心罪上加罪。”

隐士回答说：“你虽然贵为国王，可是整天都被各种贪欲和愤怒所驱使，岂非奴才？而我已经降伏了种种欲望和愤怒，所以不应向你行礼。”

国王明白了，敬礼而去。

这个故事可以印证对自由的定义。心灵的自由就是，不受内心情绪和欲望的影响，当然也包括很多外部影响，比如：不受事的影响，尽量成人之美，事成不狂妄、事坏不沮丧；不受人的影响，近我不以为喜，远我不以为忧；不受环境的影响，素富贵行乎富贵，素贫贱行乎贫贱；不受语言的影响，好话不迷，坏话不怒；不受观念影响，是非对错，淡然处之……

古人说“八风吹不动”，八风里面有四个“风”就是言语：毁、誉、称、讥。“称、讥”是当面的，“毁、誉”是背后的，不管是当面的，还是背后的，都不受其影响。

任何事情都没有绝对的对与错，只有觉悟的高低！觉悟低的人，就做觉悟低的事、说觉悟低的话；觉悟高的人，就做觉悟高的事、说觉悟高的话。每个人都是从自己的角度做出选择的！

改变自我意象，改变人生

一位成功学家曾经说过：“一切成就，一切的财富，都始于一个意念，即自我意象。”自我意象是建立在我们对自身的认知和评价基础上的，是“我属于哪种人”的自我观念。

个体的自我信念，通常都是根据自己过去的成功或失败，别人对自己的反应，根据环境的比较意识，特别是童年经验，而不自觉形成的。根据这些，人们在心里就形成了“自我意象”。就我们自身而言，一旦某种与自身有关的思想或信念进入这幅“肖像”，就会变成“真实的”。我们一般都不会去怀疑其可靠性，而会以此为根据，采取行动，就像它的确是真的一样。

心理学家R. A. 凡戴尔证明：让一个人每天坐在靶子前面想象着他对靶子投镖，经过一段时间后，这种心理练习的效率几乎和实际投镖练习一样。美国《研究季刊》曾报道过一项实验：

> 第一组学生在20天内每天练习实际投篮，把第一天和最后一天的成绩记录下来。
>
> 第二组学生也记录下第一天和最后一天的成绩，但在此期间不做任何练习。
>
> 第三组学生记录下第一天的成绩，然后每天花20分钟做想象中的投篮。如果投不中，他们便在想象中做出相应的纠正。
>
> 实验结果：第一组每天实际练习20分钟，进球增加了24%。第二组因为没有练习，也就毫无进步。第三组每天想象练习投篮20分钟，进球增加26%。

为什么想象中的练习可以提高实际中比赛的成绩呢？这是因为，一个人在想象中建立的自我意象对现实中的行动可以起到奇妙的影响作用。想象自己投镖可以投中，实际去投就真的投中了；想象投篮可以投中，在实际中也真的可以投中。

> 法国拿破仑一世在带兵横扫欧洲之前，曾经在内心想象中“演习”了多年的军事。
>
> 韦伯和摩尔根在《充分利用人生》一书中告诉我们：“拿破仑在上学的时候所做的阅读笔记，在复印时竟达满满400页。他把自己想象成一个司令，画出科西嘉岛的地图，经过精确的数学计算后，列出他可能布防的各种情况。”
>
> 无独有偶！

在亨利·凯瑟尔的事业每一个成就实现之前，他都在想象中预先实现过了。这真是奇妙至极！难怪人们过去总是把“心理意象”与“魔术”联系起来，“心理意象”在创富学中，确实具有难以抗拒的魔力。

目前的自我意象是根据想象中的过去的自我而形成的，而过去的自我意象又是对过去经验所作的解释和评价。如果过去用某种方法绘制出的自我肖像不太准确，现在你完全可以用这样的方法重新绘制一幅非常准确的自我肖像。

每天腾出 30 分钟时间，独自一人，排除干扰，尽量放松，使自己感到舒适。然后，闭上眼睛，锻炼想象，无论是想象成功的快乐或是克服困难、战胜恐惧，都可以进行想象锻炼。

昨天的行为如何已经无关紧要，也不必期望明天会有理想的行动，你的神经系统到时候自然会负起责任。如果坚持练习下去，想象会按照你希望的那样行动、感受和“存在”。

如果你羞怯和畏缩，就要想象自己在大庭广众下，轻松而镇定地行动；并且，因此而感到舒服。

在某种情况下，如果你经常会感到恐惧和焦虑，就要想象自己轻松自如地行动，有信心有勇气；并且，感到开朗和自信。

……

通过这种练习，在你的头脑和神经中枢系统就会建立起新的“记忆”或者存储数据，并建立起一个新的自我意象。

创意让平凡生活闪光

创意咨询师惠普个人电脑部前 CTO（首席技术官）菲尔·麦金尼这样

说道："在人群中，存在这样一个误区，即创新是与生俱来的一种天赋。其实，这都是胡扯！创新实际上是一种人人都可以通过后天习得，而且只要持之以恒就能内化成自身特质的一种技能。"

生活需要创意来点缀，快乐需要创意来衬托。热爱生活的人，总会爆发出无数的新奇灵感。为了产生源源不断的创意，筛选这些创意并将其转化成后天的生产力。在这里，就跟大家分享 8 个经验。

1. 改变你的日常路径

换一个视角，换一种方式去工作和生活。

开车去上班的时候，换条路，或者改用公共交通，或者骑自行车。

换一批人一起吃午饭，换一批人出去玩。

从你的"舒适区"走出来，试着去接触陌生的人和环境。

如果你每天只跟同一批人在同一个地方互动，怎么会有变化、会有新的创意？

2. 每天做一次头脑风暴

每天做一次头脑风暴，对象可以是任何东西，你就会形成一种新的思考习惯。不管是这种习惯本身，还是在头脑风暴中形成的构思，都可以运用到你的工作和业务当中。

怎样选择头脑风暴的对象呢？从窗外或者上下班途中的任意一件物品开始。你可以即兴选取一个问题，然后以这样的形式开始："对面大楼的墙面最适合贴什么样的广告？""这家咖啡馆除了卖咖啡和茶点，还可以卖什么？什么会是大家感兴趣的东西？"

在一次头脑风暴中，除非你有了 50 个左右的想法，否则不要停下来。此外，不要急着对这些想法进行过滤。不管这些想法有多么荒诞或者愚蠢，都要一股脑儿先把它们写下来。

3. 别止步在问题的第一个答案上

不要在一个问题的第一个答案上止步，比如，13 的一半是多少？是 6.5 吗？

在麦金尼的研讨会上，参与者总共提供了 43 个正确答案。为什么会有 43 个正确答案呢？让我们看看其中的一个答案：在罗马数字中，13 是XIII，所以 13 的一半是 XI（11）和II（2）。要怎么才能变得很有创造性呢？试着除去那些显而易见的答案！

4. 在头脑风暴时集中精力

一旦习惯了创造性地思考，就要试着将头脑风暴的范围缩小到一个与你的职业或者业务相关的重点问题上，这样就可以集中精力。

5. 学会捕捉并反思各种先入为主

很多先入为主的想法都很难察觉，有时候我们虽然在跟着一大堆规则走，自己却完全觉察不到。比如，为什么电脑销售的旺季只出现在学生返校和年末假期两段时间？如果能够打破各种先入为主的观念，就会发现，其实整个夏天都可以成为新的销售旺季。

怎样才能发现这种先入为主呢？试着问问你自己：这个方案难道不值得一试吗？我怎么知道现在那个理由仍然成立？假如那个理由已经不成立，情况又会是怎样？

6. 给各种创意排名，筛选创意

面对众多的创意，可以尝试给这些创意排排名。在这种情况下，很多好的创意也就会浮出水面。

7. 别因为“资源不足”而止步不前

你有没有想过，有时，没钱、没时间、没人手也会变成一件好事。“资源不足”会强迫你头脑风暴，想出各种创意点子。如果所有资源都如你所愿，你很可能还会按照原来的老模式来做事。

8. 不要自我怀疑

好的创意点子总是很难实现的，但要相信你能实现。你的第一次尝试，甚至直到第十次尝试，都可能不尽完美。如果到了这里就止步，那你每做一次尝试，很有可能都会惯性止步，试着再向前迈进一步，一切都有可能变得海阔天空。

第二十二章　轻装上阵

鸟儿为什么会飞

对于小鸟来说，要想飞得高，就必须轻装上阵。如果翅膀上挂满了金块，就无法再飞翔了。同样，要想获得心灵的自由，就要舍弃许多世俗的乐趣！

一个青年背着个大包裹不远万里来见无际大师，他说："大师，我感到非常孤独、痛苦与寂寞，长期的跋涉使我疲倦到极点；我的鞋子破了，荆棘割破了双脚；手也受伤了，流血不止；嗓子因为大声呼喊而喑哑……为什么我还不能找到心中的阳光？"

大师问："你的大包裹里装的是什么？"

青年说："它对我可重要了。里面装的是我每一次跌倒时的痛苦，每一次受伤后的哭泣，每一次孤寂时的烦恼。靠着它，我才走到你这儿来。"

无际大师带青年来到河边，他们一起坐船过了河。

上岸后，大师说："你扛着船赶路吧！"

"什么，扛着船赶路？"青年很惊讶，"它那么沉，我扛得动吗？"

"是的，你扛不动它。"大师微微一笑，说，"过河时，船是有用的。但过河后，我们就要放下船赶路，否则它会变成我们的包袱。痛苦、孤独、寂寞、灾难、眼泪，这些对人生都是有用的，它能使生命得到升华；可是，如果舍不得放弃，它们就会变成人生的包袱。放下它吧！孩子，生命不能太负重。”

青年放下包袱，继续赶路，他发觉自己的步子轻松而愉悦，比以前快多了。

放下包袱！这句话不无裨益。在无际大师的开导下，青年终于知道了生命是可以不必如此沉重的道理。一个行囊，如果已经装得太满了就会很沉、很重、很累。一个生命背负不了太多的行囊，拖着疲惫的身躯走在人生大道上，注定要抛弃很多。每个人都要学会放弃人生道路上遭遇的痛苦、孤独、寂寞、灾难等，让自己轻装前进。

果断的放弃是面对人生、面对生活的一种清醒的选择，只有学会放弃那些本该放弃的包袱，才会轻装上阵，一路高歌；只有学会放弃，走出烦恼的困扰，生活才会备感绚丽、富有朝气。

法国人从越南撤走以后，一个农夫和一个商人在街上寻找财物。他们发现了一大堆烧焦的羊毛，两个人各分了一半背在自己身上。

归途中，他们又发现了一些布匹。农夫将身上沉重的羊毛扔掉，选了些自己扛得动的较好的布匹。商人却将农夫丢下的羊毛和剩余的布匹统统捡起来背在自己身上，重负使他气喘吁吁，步履维艰。

走了没多远，他们又发现了一些银质的餐具。农夫将布匹扔掉，捡了些较好的银器背上，而商人却因为沉重的羊毛和布匹压得他无法弯腰而难以捡到农夫拾剩下的银餐具。

天降大雨，商人的羊毛和布匹被雨水淋湿了。他饥寒交迫地走着，最后摔倒在泥泞中；而农夫却一身轻松地迎接着凉爽的雨回家了。他变卖了银餐具，生活颇为富足。

生活中，有太多的机会、太多的诱惑，也有太多的欲望，可我们毕竟分身乏术，脚踩两只船都会晃悠，更何况三只、四只呢？许多时候，得到就是失去，而失去也就是得到，舍得舍得，有舍才有得啊！

生活就是这样！在坚持选什么的同时，你也选择放弃了另一些东西。如果舍不得放弃，选择就会变得异常痛苦；因为舍不得放弃，人生也会变得异常沉重，甚至因为不堪重负而过早地衰亡。要知道，翅膀上系着黄金的鸟儿是飞不起来的。

从呱呱落地，到咿呀学语，再到后来的成家立业，每个人都要经历太多的选择，也要经历太多的放弃。在选择的同时，我们是否有勇气放弃那些原本不属于自己的东西？只有果断地选择，抓住生命中最重要的东西，在人生的每一个十字路口才能走好属于自己的那条路。

勇敢放弃，可以让我们甩掉那些困扰生活的包袱和诱惑，让我们轻装上阵、飞快前行。

人的一生就如同演戏，对于每个人来说自己都是人生中的导演，只有懂得选择、学会放弃的人，才能创作出精彩的电影，拥有海阔天空的人生境界。

轻装上阵，人生会更美好，身体会更健康！进退从容、积极乐观，必然会迎来光辉的未来。得意与失意，在人的一生中都只是短短的一瞬！

人智力的局限性

人的智力是有极限的，不可能洞悉一切真理。

人类所谓的真理都是相对的、阶段性的，比如，对于宇宙的认识，即使穷尽我们的智力，也无法知道宇宙之外是什么，之前是什么。可是，人类又具有很强的思考能力，喜欢打破砂锅问到底。最终，一味地问下去，只能出现两个结果：归于上帝和精神错乱。

不可否认，牛顿包括爱因斯坦等智者的确是“人精”，他们被追问折磨不下去的时候，回归了上帝，而没有发疯；而尼采太过自负，太把自己当超人，结果进了疯人院。

目前，人的智力可能是地球生物中最高的，但只能说是“可能”，千万别自信地认为“一定”。因此，从其他动物身上，我们完全可以印证生物思维的局限性。比如，蚂蚁的生活半径大约百米左右。如果我们能够和它交流，问它“北京市这个空间概念有多大?”相信，蚂蚁也会疯掉。因为，生物的思维跨度与它活动的半径成正比。

目前，人类的活动还超不出太阳系，可是我们已经开始想象宇宙，做到这一点已经很不容易了。如果你再要问宇宙之外是什么，就相当于蚂蚁之于北京。如果宇宙不是一个终极概念，宇宙之外就不是虚空，宇宙之前也不可能是虚空。因此，现代科学，所有关于宇宙的探索，不管是大爆炸理论，还是膨胀理论，都可以当神话或童话，意义并不大。

世界和宇宙说的最正确的一句话，就是“不可知”。既然不可知，所有的理论就都是无所谓对错的，只要能自圆其说就行。从经济学角度看，一部《红楼梦》让几代人有了饭碗，同样宏大的宇宙更可以让无数代人有饭吃，仅此而已。

不要觉得，今天的科学成果已经让我们越来越相信可知论的正确，其实今天的科学进步本质上和牛顿时代甚至苏格拉底时代并没有什么区别。看到牛顿作为伟大的物理学家最后回归上帝，许多人感到惋惜，其实他才是真正的智者，因为他知道自己不知道什么，知道我们永远不知道什么。

按照人类现在掌握的所谓科学，从空间上来讲，地球是宇宙的一粒尘埃，人类则是尘埃的尘埃；从时间概念来讲，如果目前掌握的所谓科学没有错，人类的历史也只是地球这粒尘埃的历史的一个瞬间。

这样微不足道的一粒尘埃的尘埃，在如此短的一个瞬间，我们能知道多少？在微不足道的时间里，以这样微不足道的体量，窥见的一点点东西，就以为是永恒，简直太可笑了。千万不要以为把飞船弄上了天就多么伟大，这样的成就相当于一只蚂蚁偶然爬上了一辆三轮车，被带到了几千米以外，并不能洞悉北京市的概念。蚂蚁还是蚂蚁！

人生源自对生活的参悟

生活在这个纷繁的世界，面对紧张的工作，面对微妙的人际关系，除了觉得太累以外，更多的人会感慨地说，社会、生活、人与人之间实在是过于复杂。

其实，人生源自对生活的参悟！

有一位年轻人，到一家宾馆办事。走出宾馆大门时，自己的女上司也正好从宾馆出来。有人看见他俩一起从宾馆出来，就误以为他俩有什么猫腻，于是公司谣言四起，弄得他心神不宁，坐卧不安。

年轻人前去拜访一位智者，向智者诉说了心中的郁闷。

智者说："走，我们到湖边散散步，边走边聊。"智者望着平镜似的湖水，又说，"你能搅浑这湖水吗？"

年轻人回答说："这么大的湖，怎么可能搅浑它呢？"

智者又说："假如是一个小水坑呢？你能搅浑吗？"

年轻人说："那就很容易搅浑。"

智者从衣袋里拿出一瓶矿泉水说："试试，你能摇浑它吗？"年轻人接过矿泉水瓶使劲摇着，但瓶子里的水依然清澈明净。

智者说："现在你该明白一个道理了吧！一个小水坑，用一根棍子就可搅浑它；一杯真正的清水，是无论怎么摇也摇不浑的。别人的一句谣言，就把你的心搅浑了，只能说明你的心只是一个小水坑，不是一面宽阔的湖。一个人的思想，只要它本质是‘清’的，不管怎么去‘摇’，也无法摇浑，保持的仍是纯净的本色。请记住一点：真正的清水，是摇不浑的。”

年轻人茅塞顿开。

心灵的弹性，唯有靠感悟去保持，多点感悟，多点感动。多点感动，也就会多点成功！

有一个年轻人，事业和家庭都遇到了麻烦，嫉妒、浮躁、忧虑整日困扰着他。朋友看到他沮丧的样子很着急，于是告诉他：“附近山上有一座禅院，可以去找住持无知禅师开解一下，也许会有所帮助。”

禅房里，面对慈祥、超然的无知禅师，年轻人一股脑儿地倒出了自己的困惑和烦恼。

无知禅师笑笑，伸出右手，握成拳头：“你试试看。”年轻人照做。

“再握得紧一些。”“再紧一些。”年轻人把拳头握得越来越紧，指头几乎攥进手心了。“感觉如何?”禅师慈祥地问道。年轻人茫然地摇了摇头。

“把拳头伸开。”年轻人舒开手掌，无知禅师拿起桌上的一枚青枣和一片玻璃碎片放在年轻人的手中，说：“握紧。”年轻人把青枣和碎片握在手心。

“握紧一些。”“再紧一些。”“不行了，禅师，我的手都快要被割破了。”年轻人感到手掌的疼痛。这时，无知禅师突然喝道：“那你还不赶快把拳头松开!”

年轻人吓了一跳，舒开手掌，看着手掌有些微红的硌痕，碎片已经扎到青枣里了。无知禅师望着年轻人，说：“现在，把碎片取出来，丢掉吧。”

无知禅师看着年轻人的表情，笑了笑，说：“生活中的事就好像这青枣和玻璃碎片。如果你什么都不取、空握拳头，即使使出再大的力气，也是一无所获，这叫徒劳无功。青枣就像你生活中一切美好的事物，而碎片就是困扰你的烦恼。做事时，难免要产生烦恼，将它们握得太紧，必然要伤到自己，握得越紧对你的伤害也就越大。要记得，及时将青枣中的碎片取出来丢掉！”

看着青枣与碎片，听无知禅师一席话，年轻人豁然开朗。

漫漫人生路，我们拼搏过、失落过，笑过、哭过，我们怦然心动过、黯然神伤过。人生，别太复杂！只要体验自己的生活，记下一直在追寻什么，人生得到了什么，正在失去什么。让自己轻装上阵！

打破虚幻“自我”的塑像

生活中，很多人都不敢面对真实的自我。为了掩饰自己的过错，会为自己的过错披上华丽的外衣，时间长了，藏在这些华丽外衣里面的思想便生霉、长蛆、变质，进而无法明事理、辨是非，脑袋也就丧失了最基本的判断力，将正误对错混为一谈。

可是，要知道，只有打破虚幻的“自我”，找到真实的自我才是良策！

郭菲是个很优秀的女人，拥有一定的事业。但是，她却并不快乐！因为，她的每一步都走得太快：上学时的优秀成绩，让她变得与其他同学格格不入；工作时的骄人成功，让她始终处于高高在上的位置；成家后，一家人都对她小心翼翼，唯恐她的心情不好；有了孩子后，怕她烦，双方老人和保姆帮着带；她很少逛街，很少照镜子；她的奖状证书堆成了一座“小山”。

郭菲活在一条直线上，像一个圣人，几乎不食人间烟火。她说：“我活得只有知觉却没有了人生的感觉！如果再给我一次重新选择的机会，我会慢慢地行走，也许会收获更多更好。”

人生，需慢行！要学会欣赏，学会品味，学会理解，学会包容。不要匆匆忙忙地向前奔走，忽略了路边的风景和机缘，直到满地霜华、一天星斗的时候才慨叹、懊悔！

人生，是应该有一些奋斗，但不要为了奋斗而失去了意趣。对于平常人来说，做好自己的本职工作，既不好高骛远，也不鼠目寸光，也是一种难得的胜算。

“一屋不扫，何以扫天下？”并不是每个人都能成就伟业。在很大程度上，一盆花的娇贵来源于护盆草的婀娜多姿。珍惜生活中的点点滴滴，坚守原则，这才是做好人的根本。如果为了看到远山轻飘的白云，而放弃了支持自己前行的铺路石，一味地向前奔跑，很容易滑倒。

人生有涯，必须有自己的规划。用有限的时光来面对无限的事情，会疲于奔命而无所得。

人生的成熟，是需要过程的，没有经过灌浆、抽穗、风吹雨打这样的锻造，即使成熟，也会失了滋味。而在这一路中，是需要自身去慢慢品味的。

“但行好事，莫问前程。”瓜熟才能蒂落！这才是人生的常态。细细想想，我们来到人世间，虽然不是来寻苦的，但也要经历一个过程。如此，回首起来，才不会叹息一声。那么，

如何才能找到真实的自己呢？

1．保持敏锐的自我意识

像很多自我提高的方法一样，首先必须要学会观察自己。当新认识一

些人，或者参加工作会议，或者和不同的社会团体打交道时，可以尽力去体会你在其中的感受。

什么时候你感觉最自在？什么时候你看到别人时会感觉局促不安？要学会善于观察，提高自我意识能力，如此才能让你觉察出什么时候你会感觉不自在，为什么会感觉不自在，并提醒自己要有意地保持真实。

2. 找到真正的友谊

我们都是人，都有一些相同的感受，要去寻找真正懂你的人，用心关怀，认真聆听。通过和人建立最真挚的友谊，你将更有可能感觉自在，做最真实的自己。

3. 不要追求完美

完美主义是不现实的，如果你是完美主义者或者表现得很像，其实你已经开始在伪装自己了。接受自己的不完美，敢于变得劣势一点，就会很惊讶于自己的不完美状态。

4. 做一个活跃的聆听者

在和人的交谈中，当对方在说话时，你的思绪很容易走神，比如，想着做出完美的回应，想着当前比赛的比分，想着你代办清单上所有的事。当对方谈完自己的想法后，你才回过神来，然后说出你的反驳。其实，在沟通和交往的过程中，要尽量表现得更积极点。做一个活跃的聆听者，掌握自我存在感这门艺术，不管在任何时候，可能都是确保真实最有效的方式！

时时保持警觉

在一次偶然的机会下，我听到了一个非常有趣而令人深思的实验！

科学家把一只青蛙冷不防地扔进滚烫的油锅里，青蛙能出人意料地一跃而出，逃离险境。然后，科学家把同一只青蛙放在逐渐加热的水锅里，青蛙感到舒服惬意，以致意识到危险来临时却欲跃乏力，最终葬身锅底。

由这个实验可以看出，青蛙对眼前的危险反应敏感，对还没有到来的危险反应迟钝。其实，人在这方面也是如此！

孟子说过“生于忧患，死于安乐”。如果那只被放在逐渐加热的水锅里的青蛙存在忧患意识，能够不被暂时的安逸所迷惑，冷静地分析感受水温，就不会死，而会从锅里一跃而出。

青蛙愚钝，不具备冷静分析的能力，所以只能葬身锅底；身为拥有最聪明头脑的人类尚且不能完全做到，何况青蛙？但是，如果具备忧患意识，就能够在关键时刻悬崖勒马，扭转乾坤，及早防备。

丘吉尔瀑布水电站是当今世界上最伟大的建筑工程之一，它位于库底300米的地下，整个水电站是通过开凿出坚硬的花岗岩而成的，6300人历经5年的时间才筑造而成，工程总耗资达9.5亿美元。

丘吉尔瀑布水电站的发电量为4000万千瓦时，数百万升的水从瀑布水库中流入被称为“导水管”的巨型管道里，为北美地区供应着清洁的可再生能源。

与一般的水电站不同的是，此瀑布水电站所有的控制室都在地下300米处。这里汇集了当时全世界最为尖端的建筑学专家和技术人员，水电站的各项安全保护设施可谓是尽善尽美，能抵御住任何人类已知的意外和灾难。

在整个工程几近完工时，水电站的一位工程师对工作进行例行检查，无意间听到一个施工工人说：“如果出现更大的灾难，所有的防护措施都无效了，里面的人该怎么逃?”

这本是一句无心话，但是这个微小的声音还是很快被汇报到工程总部那里。工程总部立即召开会议，他们决定在控制室的出口旁放一台紧急“逃生巴士”，一周七天，一天24小时全天候待命；而且，每天都要修检一次，以防止它发生故障，在紧急情况下开不走。

之后，设计师们又开始扪心自问，如果发生意外，地下控制室的人员被燃烧起来的火或者烟雾围困住了，上不了巴士，又该怎么办?于是，他们又开凿出一个“避难所”，让其与控制室相连。即使这个新增的项目，几乎要改动整个已经快要完工的控制室。

临时避难所建好后，里面放进足够多的补给，能够保证15个人在里面待上一个月（当时整个控制室里只有不到10个人)。里面除了有食物外，睡觉和洗浴等设施也一应俱全，平时临时避难所里的食物和补给定期更换，好让其始终保持新鲜。

正如当初一些人所认为的那样，“逃生巴士”和临时“避难所”的确完全就是一个多余，自运行以来，直到今天，丘吉尔瀑布水电站从未发生一起事故和意外，牢固保护设施让它在一次又一次的洪水突袭中安然无恙。

丘吉尔瀑布水电站的工作设计人员善于听进细微声音，防患于未然的忧患意识，以及为此所制定出的应对举措，并且多年如一日地坚决执行，就是放到40年后的今天也同样令人肃然起敬，让我们丝毫不觉得它们是“多余”的。

拥有忧患意识能够使我们更加了解自己的处境，拥有向上进步的动力。很多人都会说，今天过好今天就成，何必想得那么远呢，这样累得慌。其实，不然!

我们应该活在当下，但更应该顺应社会的变化而改变自己。身在职场，应该有前瞻的眼光，不然在这个日新月异的职场中淘汰了都不知缘由，那才是最大的悲剧。

俗话说得好：人无远虑，必有近忧。这句话简约明了地告诉我们，生活之中处处存在忧患，总会有或大或小的事情令你忧虑。正因为有值得忧虑的事情存在，才使得我们更加优秀，更加懂得让自己变得更优秀。

孙晓梅大学毕业后，被师姐介绍到一家公关公司当助理。这是一家国际化大公司，工资待遇很不错，福利有保证，工作环境也很好。初出校门的孙晓梅很满足，在助理的岗位上无忧无虑地工作着。

和同时进入其他行业工作的同学和朋友相比，孙晓梅觉得自己的起点相当高。而和国内一些不知名的广告公司、公关公司相比，国际化企业无论是人事制度还是工作方式都更加专业，最重要的是工作难度并不大：不需要开拓市场，不需要直接面对客户解决难题，也不需要对哪个方案负责任。孙晓梅自认为很稳定。

转眼三年多过去了，身边的朋友都一步一步走上了管理岗位，当孙晓梅发现自己仍然在一线做着小助理的工作时，她才开始慢慢意识到：由于一直从事着简单的工作，表现的机会很少，学习的机会也不多。再加上自己一直安于现状，不积极争取，这几年来的收获比当初进了小公司的同学要少得多。当初和他们在待遇上虽然有一定的优势，现在看起来，却差了一大截。

客观地说，任何一份工作，都会有让人喜欢的部分，也会有让人不喜欢的部分。工作中的满足感、被认同感、个人兴趣、未来发展、薪资福利，甚至工作时间……这些都需要综合考虑。但要想获得长期的发展，就要时时保持危机意识。

每个人的价值取向、性格脾气、家庭情况都不一样，做出彻底改变固然勇气可嘉，但能够在现实的基础上调整自己、适应环境，也是需要极大的智慧的。在温水环境中并不是最可怕的，最可怕的是身在其中而不自知，混混沌沌，稀里糊涂。只要能随时保有自省的意识，保持清醒的头脑，有敏感度和警惕性，即使在温水中，也不是世界末日！

第二十三章　通往自我觉醒之路

别把自己当人看

王朔是我国著名的文学家，经常会说一些让人哭笑不得的话，他曾经说过这样一句话：“别把自己当人看！”静下心来，好好思考一下，这句话的确很有道理！

在这个世界上，如果你总是自我感觉良好，说不定在什么时候就会有人看你不顺眼，到时候可能自己吃苦了都不知道自己得罪谁了。但是，如果把自己当成一块泥巴，在别人还没有踩你的时候就先躺在别人的脚底下，或许你还会在将来的某一天被人做成塑像供起来。

即使到了最后做不成塑像，你的心里也不会有太多的委屈，因为你早已在心里做好了被人踩的准备。不管怎么说，把自己当成一块泥巴，对人对己都是一件再好不过的事情。

富兰克林年轻的时候，平时走路总是昂首挺胸，一副唯我独尊的样子。有一次去拜访一位德高望重的老前辈，刚一踏进门，头就被狠狠地撞了一下，疼得他直咧嘴巴。他一边用手揉搓，一边瞪着比身子矮一点的门。

这时，前辈出来接他，看到他这个样子，笑着说：“疼吗？不过，我觉得这是你今天来拜访我所得到的最大的收获。”

富兰克林不解地问："这话怎么说？"

老前辈不紧不慢地说："要想平安地生活在这个世界上，就要在该低头时学会低头，要学会看轻你自己，这也是我要教你的。"

富兰克林从老人的话中悟出了其中的道理，并且把它当作自己生活的准则，后来做出了一番伟大的事业。

在这个社会上，如果想要有所收获，在做事情之前，就要放低姿态，把自己看得轻一些，把声名利益看得淡一些，把奋斗的目标看得重一些。

不管你的资质、能力如何，对于整个社会而言，你也只是极其微小的一个个体。如果能够真正把自己看轻，能够时时刻刻提醒自己：我很普通，很浅薄，很卑微，无须把那些闪耀的光环加在自己身上，就更容易得到众人的认可和赞赏，更容易得到更多更好的人脉，更容易被人看重，更容易展现自我。

一定要学会认识自己，千万不要把自己看得太重！在这个世界上，每个人都很重要，但是离了谁地球都照样转。一个人可以自信，但不要自大；可以狂放，但绝不能狂妄；能够力挽狂澜，但绝不可能再造乾坤。

英若诚是著名的表演艺术家，这里有一个关于他小时候的故事。

英若诚的家庭很大，每当吃饭的时候，总有很多人坐在大餐厅中。有一次，他突发奇想，想要和大家开一个玩笑。

在吃饭之前，英若诚把自己藏在饭厅里的一个不被人注意的柜子里，想等到大家都找不到他的时候再跳出来。可是，让英若诚尴尬的是，直到所有的人都吃完饭，也没有人注意到他。等到大家都酒足饭饱之后，他才无奈地从柜子里面走出来。

从那以后，英若诚就告诫自己：永远不要把自己看得太重要，否则最后的结果可能会让自己大失所望。

泰戈尔曾经说过一句话："天使之所以会飞，是因为她们把自己看得很轻。"同样，一个人只有把自己看得很轻的时候，才能更真切地触摸到生命的真实。

如今，我们都渴望展示自己的才情，可是一旦机会突然降临，又会感到手足无措：第一次演讲，第一次独立做事，第一次被领导指派任务，你可能会紧张得一夜都睡不好觉。

可是，周围的人都有自己的事情要做，他们不会有那么多的时间把注意力都集中到你一个人身上，他们也不会将你当作特别的人来看待，更不会很期待你干出多么惊天动地的事。

因此，你无须太在意别人的看法，只要按部就班地做就可以了，太在意别人对自己的看法反而会影响你的发挥。

不把自己看得太重，既是一种修养、一种风度、一种高尚的境界、一种达观的处世姿态，更是心态上的一种成熟、心志上的一种淡泊。用这种心态做人，可以使自己更健康、更大度；用这种心态做事，可以使生活更轻松、更踏实；用这种心态处世，可以让身边的人更喜欢与你相处！

意识就是你的智性

资料显示，每人每天大约会产生五万个想法，大多数人所想的以消极思想为主。如果我们脑子里大多是消极的想法，会形成怎样的潜意识行为？当然是负面的！如此，生活和健康也就在不知不觉间受到了破坏。

既然可以发展潜意识行为来驾驶车辆，也就可以发展潜意识行为让自己成功。不过，仅仅用一天的时间，进行积极的思考，是没用的。如果能持续积极地思考几个月，生活上的改变定然会让你大吃一惊。

学习开车的时候，要转弯时，大脑里的思维就是："把右脚抬高，往左移12厘米，轻轻踩刹车。"经历学习过程之后，这个有意识的想法就会在你脑子里反复出现，时间长了就会演变成不需思考的刹车模式。

也就是说，脑子里会增加一项积极思想——新的潜意识模式。因此，经验丰富的驾驶者在开车五个小时回家后，还可以对自己说："我根本不记得自己是怎么开车回家的。"是潜意识替他完成了任务。

弗雷德参加了一个激励性的研讨会，立志全心投入积极思考。他说："我要让自己的生活有180度的转变。"

第二天早餐之前，他定下了几个目标："升职、买劳斯莱斯、买豪华别墅……"接下来的几天，他还是像平常一样，思想都特别消极。

到了星期五，弗雷德说："这些所谓积极思想的东西，其实也没什么用。"他把每天的4.8万个消极思想，减到4.75万个。

仅仅一天采取积极的思考方法是没用的。训练头脑就像锻炼身体一样，做20次俯卧撑后，在镜子前左照右照，也不可能看出任何变化。同样，只做24小时的积极思考，也不会有什么差别。可是，只要能持续思考几个月，生活上的改变一定远比健身房带给你的改变更大。

任何有意识的积极思想，经过一段时间的重复，就会形成潜意识的模式。如果你脑子里一直想："我是不是一个穷光蛋?"几年之后，会发生什么情况呢?你不必再想，它已经形成一种消极思想的自动模式了，即使你不特地做某些事，你也可以让自己变成穷光蛋。

既然学开车可以从熟练转变为条件反射模式，种种消极想法当然也可以使自己成为迟到大王，使自己的日子过得穷困悲惨；既然可以发展潜意识行为来驾驶车辆，也就可以发展潜意识行为让自己成功。如果你想了解自己的思想，不妨先检查自己的生活。

成功与否、快乐与否、人际关系的好坏，甚至你的健康状况，都反映了你平日的潜意识思想。

从善如流，找到平衡

最近，听说了这么一件事：

某地想做一个民生工程，当地干部开始信心满满，以为群众肯定会拍手同意。没想到，在征求意见的座谈会上，群众中不乏提建议、说问题的，甚至还有几分“炮轰”的意味。好在，有关部门迅速吸收有益意见，对工程规划和实施作了调整，结果皆大欢喜。

一位领导干部事后的感悟：“从善如流，才有善政！”

“从善如流”一词，出自《左传·成公八年》。《辞海》中的解释为，“乐于接受别人正确的意见。”意思是说，采纳高明正确的意见建议，接受善意的规劝，像流水那样畅快而自然。纵观古今中外，从善如流的事例举不胜举。

故事一：

汉高祖刘邦文不如张良、武不如韩信，但他善用人才，虚心听取别人的计策和高见，因此能集众智成大事。

故事二：

淮海战役前夕，毛泽东在战略决策中认真听取了邓小平、陈毅、粟裕等战友的建议和意见，使起初“小淮海”的战役构想，向“大淮海”的作战意图推进，加速了历史进程。

故事三：

罗斯福当选美国总统后，面对持续不断的经济危机，接受了建议——发挥政府这只“看不见的手”的调控作用，逐渐走出了困境。

由此可见，能从善如流者，一定是豁达开朗、大肚能容天下难容之事的人。他们具有虚怀若谷，能纳百川归大海。

唐太宗李世民，之所以能开创大唐盛世，与他善于纳谏密不可分，留下了“以人为镜，可以观言行；以史为镜，可以观古今”的至理名言，并通过改革吏制，励精图治，造就了历史上有名的“贞观之治”。

一般来说，身处逆境而又心怀大志者，总能达到“从善如流”的境界。而今现实社会常常是，经过人事变迁或环境改变后，有些人和事总让人深感痛心和悲哀，到头来真正能从善如流者又有几许?

可悲的是，随着环境和世态的变迁，权力、金钱等利欲熏心的东西，达到登峰造极后，极少数人也会变得昏庸固执与自负起来，只能共患难，不能共欢乐。

李刚在单位踏实敬业地工作几十年，早已把单位视为了自己事业与生存依靠的根。看到单位生产经营形势每况愈下，李刚感到不忍心，于是怀着一颗主人翁的心，斗胆向领导献策献言。

没想到，却刺到了这位“公仆”的“痛处”，搬起石头砸了自己的饭碗。领导处处给“小鞋穿”，不但工作不愉快，而且影响了家庭的和睦。

李刚神志恍惚，整天都沉默寡言。一天，和朋友饮酒消愁，蓦然醒悟："何必用别人的错误，惩罚和折磨自己呢?"于是，欣然"跳槽"，去了沿海开放城市。凭着自己的精明和专长，几年过后，不但腰缠万贯，还拥有了自己的公司。

想起当初，李刚豪放地吐出肺腑之言："真乃因祸得福是也。"

真言何处吐，从善何处觅？这是如今很多怀才不遇之人苦闷之由来。渐渐地，许多善良之人变得偏颇而固执，往日的"高谈阔论"不见了，变为"附庸风雅"；总感"纸上得来终觉浅"，常见"小人得志满面春光"。

管它三七二十一，管它春夏与秋冬，只要口袋里殷实便好，有无追求和志向无所谓；只要有洋房和钞票便行，钱能买来"花前月下"的嬉笑……反弹琵琶逆向而思，这些想法本也无可厚非。可是，细细想来，哀莫大于心死，长此以往，对将来的发展会有何益处?

领悟内在的生命活动

生命是一次偶然，是一次奇迹；是如此的脆弱，又是如此的顽强。有的生命可以是灿烂的，有的生命可以是丰富多彩的，有的生命可以是平淡的……可是，生命只有一次。自己想做的事，就一定要试一下，成功也好，失败也罢，经历了，努力了，就不会后悔了。

男孩家后面有一大片树林，起风的时候，林中的树叶就会随风飘飞，有时会飞入厅室和灶间，父亲让他每天上学前将树叶打扫干净。

天刚亮就起床扫落叶实在是一件苦差事，尤其是秋冬之际，林间的树叶好像互相约定好的似的，总是不停地落下来。每天花大量时间打扫落叶，男孩感到厌倦不已。

后来，男孩从别人那里得到一个好主意：扫地之前，先将树使劲儿地摇晃，如此就可以将第二天才会落下来的树叶提前摇下来。

这个主意令男孩兴奋不已，第二天他起了个大早，扫地之前使劲儿将树摇了又摇。第三天，他早早就起来了，想去看个究竟。谁知到林间一看，依然是落叶满地，男孩傻了眼。

男孩站在满地落叶中，突然大彻大悟：无论今天怎样用力，明天的树叶还是会落下来的啊！那一刻，男孩心中一片澄明，他终于明了：世上有许多事是不能提前做的，活在当下、活在今天才是生命中最实在的态度。

每天都有很多生命诞生，有很多生命死亡。生命，来去匆匆，谁都无法改变。在庞大的宇宙中，一个人的生命是如此的短暂，就像匆匆过客转瞬即逝。

生命，对每个人都是平等的，不管你是多么高贵，也不管你是多么低微；不管你是多么富有，也不管你是多么贫穷；生命只有一次，还奢求什么呢？只要好好活着，快乐活着，充实活着，就足够了。

生命是美好的，因为有生命，你可以去爱，可以去恨；可以去幸福，可以去烦恼；可以去快乐，可以去哭泣……生命因爱而美丽，因爱而生动，因爱而丰富。生命的爱是一种广义的爱，生命的爱是一种无私的爱，要热爱生命、善待生命。

生命是可贵的，没有生命你什么都不能做；生命是脆弱的，经不起天灾人祸；生命是顽强的，有很多人都在和生命进行着抗争。他们用他们的勇敢，用他们的信念，用他们的毅力，战胜了自我，战胜了生命。这就是生命的伟大，这就是生命的歌。

生命是应当珍惜的，生命要好好珍惜，因为，生命只有一次！

自我—真我—无我

正确认识自己并不是一件容易的事情，一个人能否正确认识自己非常重要。因为你怎样认识自己，就会怎样要求自己，就会按自己认定的角色去生活。

自我是一个人对自身存在的体验，通过经验、反省和他人的反馈，就会逐步加深对自身的了解和认知。自我概念对一个人的行为和观念具有重大影响！

如果一个人的“自我概念”是消极的，那么他的思想和行为也肯定是消极的。因为消极的“自我概念”会寻找一个与之相适应的负面信息，从而会使自己的自信心更加不足，出现焦虑或抑郁情绪；相反，如果一个人的“自我概念”是积极的，他就能够对自己产生良好的感觉，也就能够产生积极的行为和观念，从而对自己充满信心，出现愉悦的心情。

积极的自我概念是建立在对现实的自我全面客观认知基础上的，是一种积极态度。意味着一个人对自我的认同和积极接纳，以及一个人对自我的不断完善和发展。每个人都要对“自我概念”进行积极的管理和调整，寻找关于自己的正确信息，保持一个对自己的良好看法。

心理学上有一个概念叫“镜我”，是根据他人的判断反映出的一个自我概念。心理学家米德认为，我们所隶属的社会群体是观察自己的一面镜子，别人的态度、评价对自我概念形成有着重要的作用。因此在生活中，我们要留意身边的人，比如，父母、朋友、同事等的多方面信息，才能够逐步形成对自我的全面客观认识。

成功者不是竭力改变自己的缺点，而是进一步弘扬和突出自己的优势和优点。人们身上所谓的缺点都是别人眼中的缺点，是按照别人的价值观标准来衡量的，换一个标准或角度，这些缺点也许就是优点。

德国唯物主义哲学家费尔巴哈说："谁能够正确地认识自我，他也就在心中点燃了一盏光芒普照的明灯。"人生最大的痛苦就是把全部焦点放在改变自己所谓的缺点上，而不是放大自己的优点。

真我，亦称"大我"，与"忘我"相对，是人们出离生死烦恼的自然之我。很多时候，我们都会在不经意间为自己戴上一个假面具，却忘记了最真实的悲与喜；每天都言不由衷地与别人相处，说着完全与自己心意相反的话，却忘记停下来听听心里的声音。

看看婴儿的笑脸，就可以看到真我的状态。在婴儿的眼神里，人们没有贵贱的身份之分，也没有贫富的财富之别，他饿了就哭，高兴了就笑，不在意周围的看法。要想寻求真实的自己，就要在一言一行中审视自己，想想看，这是否真的是自己心中所想。

在追求名和利的社会中，要逐渐放慢自己的脚步，聆听心的声音，不要戴着面具生活，要做最真实的自己，正如乔布斯所说，追随你自己的心！

成功的最高境界是"无我"，如果创立企业的目的是为了国家的繁荣富强，为了帮助客户创造价值，为了帮助员工实现人生梦想，而不是为了自己赚取利润和实现自己的人生梦想，想不成功都难！

许多人之所以不成功，就是因为功利心太强，心中只有他自己。只有在无我的状态下，才能实现自我价值，才能找到真我！